ALFONS SCHUHBECK

Mittelmeerküche

Gesunde mediterrane Gerichte
mit dem Geschmack des Südens

Fattoria Terranova
Agriturismo

Inhalt

A. Schuhbeck

Sonnige Mittelmeerküche mit einem Hauch Bayern

Fröhlich, leicht und sonnig – das macht für mich die moderne Küche aus. Am Mittelmeer wird schon seit Jahrhunderten so gekocht, vielleicht sogar seit Jahrtausenden. Die mediterrane Küche ist gesund und gschmackig und so vielfältig wie kaum eine andere auf der Welt. Kein Wunder: Hier am Mittelmeer, dem größten Kochtopf Europas, sitzen über 20 Nationen. Hier trifft das Morgenland auf das Abendland. Und an jeder Küste schmeckt es anders. Begleiten Sie mich auf meiner kulinarischen Kreuzfahrt und entdecken Sie mit mir den besonderen Charme dieser Küche.

Wenn man Mittelmeer hört, dann denkt man ganz automatisch an Italien, Frankreich oder Spanien. Eine feine, zeitlose Küche. Aber erst auf der anderen Seite des Meeres beginnt eine ganz eigene (Gewürz-)Welt. In der Levante, dem Landstrich von Ägypten hinüber in den Libanon bis hinunter nach Israel und Syrien – da schmeckt es nach Orient. Und nebenan im Maghreb, also in Marokko und Tunesien, kommt noch ein Touch Afrika dazu.

Kreuz und quer durchs Mittelmeer – wir ankern vor einer griechischen Insel und genießen eine Vorspeisenplatte. Mezedes. Dann setzen wir über nach Israel und lassen uns vom Duft des Nationalgerichts Shakshuka verführen. In Südfrankreich kochen wir eine Bouillabaisse, den Sonnenuntergang genießen wir in Sardinien mit einer gebratenen Dorade und grünem Spargel. Und die Nachspeise servieren wir im Libanon mit einer Milchcreme mit Orangen und Berberitzen. Viele dieser Gerichte habe ich auf meinen Reisen über das Mittelmeer selbst probiert. Für mein Kochbuch habe ich ihren Charakter und die Wurzeln der Original-Rezepturen bewahrt. Vielleicht ab und zu ein bisserl moderner gekocht und dann an unsere heimischen Verhältnisse angepasst. Denn so ein Gericht schmeckt im Urlaub halt ganz anders. Da ist es heiß und schwül, vielleicht sitzt man sogar am Strand beim Sonnenuntergang. Außerdem gibt es in meiner Küche, ganz wie Sie es von mir gewöhnt sind, immer auch einen bodenständig-bayerischen Fußabdruck. Zumindest einen kleinen.

Ganz besonders am Herzen liegt mir, dass Rezepte, Zubereitung und Garmethoden nicht so kompliziert sind. Schließlich muss man die Gerichte zu Hause auch leicht nachkochen können. Damit man für die wirklich wichtigen Dinge genug Zeit hat. Nämlich dass man Sonne und Fröhlichkeit in die Gerichte bringt und vor allem mit viel Leidenschaft kocht. Das schmeckt man immer heraus. Probieren Sie es aus!

Herzlich
Ihr Alfons Schuhbeck

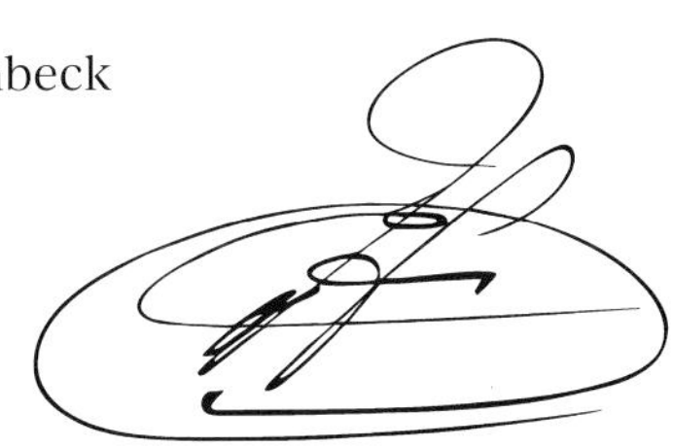

Vorspeisen

Mallorquinische Mandel-Knoblauch-Suppe

4 Personen

Zutaten

Für die Hühnersuppe
- 4 Hähnchenkeulen
- 2 Stangen Staudensellerie
- ½ Karotte
- 1 kleine Petersilienwurzel
- 1 Zwiebel
- ½ dünne Stange Lauch
- 80 g Fenchelknolle
- 3–4 Stiele Petersilie
- 1 EL getr. Champignons (ersatzweise 50 g frische Champignons)
- 1 Lorbeerblatt
- 1 TL schwarze Pfefferkörner
- 4 Pimentkörner
- 1 Gewürznelke
- 2 Wacholderbeeren
- 1 Scheibe Ingwer
- Salz
- 1 EL Butter
- 2 fein geriebene Knoblauchzehen
- 4 EL helles Mandelmus
- 250 g Sahne
- ¼ TL gemahlene Kurkuma
- 10 g Marzipanrohmasse
- 1 EL Speisestärke
- 1 Spritzer Mandellikör (z.B. Amaretto)

Außerdem
- 2 Scheiben Toastbrot
- 1 Splitter Zimtrinde zum Reiben
- 1 EL mildes Olivenöl
- mildes Chilisalz
- 1 EL geröstete Mandelblättchen
- 1 EL Schnittlauchröllchen
- essbare Blüten zum Garnieren

Zubereitung

1 Für die Hühnersuppe die Hähnchenkeulen waschen und trocken tupfen. Den Sellerie putzen, waschen und jeweils quer vierteln. Karotte und Petersilienwurzel putzen, schälen und längs halbieren. Zwiebel schälen. Lauch putzen und gründlich waschen. Fenchel putzen und waschen. Petersilienstiele waschen.

2 In einem großen Topf 1½ l Wasser aufkochen. Das vorbereitete Gemüse, Petersilienstiele, getrocknete Pilze, Lorbeerblatt, Pfeffer, Piment, Nelke, Wacholder und Ingwer hinzufügen. Die Keulen dazugeben und im Würzsud knapp unter dem Siedepunkt etwa 1 Stunde gar ziehen lassen. Dabei anfangs den aufsteigenden Schaum mit einem Schaumlöffel abnehmen.

3 Währenddessen für die Zimt-Croûtons das Toastbrot in Würfel schneiden und in einer Pfanne ohne Fett goldbraun rösten. Die Pfanne vom Herd nehmen, etwas Zimt über die Brotwürfel reiben, mit Olivenöl beträufeln und mit Chilisalz würzen.

4 Danach die Keulen aus dem Topf nehmen und häuten. Das Fleisch von den Knochen lösen, in kleine Stücke schneiden und warm halten. Den Würzsud durch ein feines Sieb gießen, das mit einem sauberen Passiertuch ausgelegt ist, in einem Topf auffangen und mit Salz würzen. Gemüse und Gewürze entfernen.

5 Die Butter in einem großen Topf bei milder Hitze zerlassen und den Knoblauch darin etwas andünsten. Mandelmus, ¾ l Hühnerbrühe (Rest anderweitig verwenden) und Sahne hinzufügen, Kurkuma und Marzipan unterrühren. Die Speisestärke mit wenig kaltem Wasser glatt rühren, in die Suppe geben und köcheln lassen, bis diese sämig bindet. Zuletzt alles mit 1 Spritzer Likör abschmecken.

6 Zum Servieren das Hähnchenfleisch auf vorgewärmte tiefe Teller verteilen. Die Mandel-Knoblauch-Suppe mit dem Stabmixer kurz aufschäumen und über das Fleisch gießen. Die Suppe mit Croûtons, Mandelblättchen und Schnittlauch bestreuen und zuletzt mit essbaren Blüten garnieren.

Bouillabaisse mit Rouille und Baguette

4 Personen

Zutaten

Für den Garnelenfond
- 8 Garnelen (mit Kopf und Schale)
- Salz
- 1 Zwiebel
- 1 Stange Staudensellerie
- ¼ Fenchelknolle
- 1 TL Öl
- 50 ml Wermut (z.B. Noilly Prat)
- 50 ml Cognac
- 50 ml Weißwein
- 1 EL Tomatenmark
- 800 ml Hühnerbrühe
- 1 Msp. mildes Currypulver
- 1 Prise Safranfäden

Für die Einlage
- 3 Tomaten
- 1–2 Handvoll Miesmuscheln
- 8 Wolfsbarschfiletstücke (à ca. 35 g; mit Haut)
- 8 Rotbarbenfiletstücke (à ca. 35 g; mit Haut)
- 8 Seeteufelmedaillons (à ca. 35 g)
- 4 Jakobsmuscheln (ausgelöst, ohne Corail)
- 1 TL Öl
- mildes Chilisalz

Für Rouille und Baguette
- 1 Prise Safranfäden
- 2 EL warmer Garnelenfond (siehe oben)
- 2 sehr (!) frische Eigelb
- 1 TL Dijon-Senf
- 5–6 EL Öl

Zubereitung

1 Für den Garnelenfond von den Garnelen den Kopf abdrehen, die Garnelen schälen, am Rücken entlang nicht zu tief einschneiden und den Darm herausziehen. Die Garnelen waschen, trocken tupfen und längs halbieren, für die Einlage beiseitelegen. Die Garnelenschalen und -köpfe mit lauwarmem Salzwasser waschen und trocken tupfen. In einer Pfanne ohne Fett so lange rösten, bis sie trocken, rot und knusprig sind. Herausnehmen und im Mörser oder auf einem Brett mit einem Messer grob zerkleinern.

2 Die Zwiebel schälen, Sellerie und Fenchel putzen und waschen. Alle drei Gemüsesorten in etwa 1 cm große Stücke schneiden. Einen Topf bei mittlerer Temperatur erhitzen, das Öl mit einem Pinsel darin verstreichen und Zwiebel, Sellerie und Fenchel kurz andünsten. Geröstete Garnelenschalen und -köpfe unterrühren. Wermut, Cognac und Wein dazugießen und einkochen lassen. Das Tomatenmark unterrühren und kurz mitdünsten. Den Ansatz mit Brühe auffüllen und knapp unter dem Siedepunkt etwa 20 Minuten ziehen lassen. Den Fond durch ein Sieb abgießen und in den Topf zurückgeben, dabei 2 EL für die Rouille abnehmen und die Karkassen entfernen. Curry und Safran in den Fond streuen, warm halten.

3 Für die Einlage Tomaten kreuzweise einritzen, überbrühen, kalt abschrecken, häuten und vierteln, Stielansätze und Kerne entfernen. Die Tomatenfilets in Rauten schneiden. Die Miesmuscheln unter kaltem Wasser gründlich säubern, dabei bereits geöffnete Exemplare aussortieren. In einem kleinen Topf etwa 1 cm hoch Wasser aufkochen und die Muscheln darin unter Rühren ½ bis 1 Minute dämpfen, sodass sie sich öffnen (noch geschlossene aussortieren). Mit einer Schaumkelle herausheben und beiseitestellen.

4 Die Fischstücke und Jakobsmuscheln waschen und trocken tupfen. Eine große Pfanne bei mittlerer Temperatur erhitzen und das Öl mit einem Pinsel darin verstreichen. Die Wolfsbarsch- und Rotbarbenstücke auf der Haut einlegen, die Seeteufelmedaillons danebensetzen und alles etwa 1 Minute anbraten. Garnelen und Jakobsmuscheln dazugeben und 1 bis 2 Minuten mitbraten.

Vom Herd nehmen, Fische, Garnelen und Jakobsmuscheln wenden und in der Resthitze der Pfanne noch etwa 1 Minute saftig durchziehen lassen. Miesmuscheln dazugeben, mit Chilisalz würzen.

5 Für die Rouille Safran in 2 EL warmem Fond einweichen. Eigelbe und Senf in einem hohen Rührbecher verrühren. Das Öl nach und nach mit dem Stabmixer unterrühren. Kartoffel pellen, grob zerkleinern, mit Knoblauch und Safranfond untermixen, mit Chilisalz würzen. Die Baguettescheiben in einer Pfanne im Olivenöl anrösten. Zum Servieren Fischstücke, Garnelen, Jakobs- und Miesmuscheln auf vorgewärmte tiefe Teller verteilen. Die Tomatenrauten darüberstreuen und alles mit heißem Garnelenfond aufgießen, mit Pfeffer würzen und mit Dill und Basilikum garnieren. Die gerösteten Baguettescheiben und die Sauce Rouille dazu reichen.

- 1 kleine gekochte Pellkartoffel (ca. 25 g; ersatzweise entrindetes Toastbrot)
- ½ Knoblauchzehe (in Scheiben)
- mildes Chilisalz
- 8 Scheiben Baguette
- 1 EL mildes Olivenöl

Außerdem

- Pfeffer aus der Mühle
- einige Dill- und Mini-Basilikumspitzen zum Garnieren

Israelisches Frühstücks-Pfanderl (Shakshuka)

4 Personen

Zutaten

Für das Fladenbrot

- 300 g Mehl
- 1 TL Backpulver
- Salz
- 250 g Naturjoghurt
- Mehl zum Arbeiten
- 2 EL mildes Olivenöl
- 2 TL Zatar (arab. Gewürzmischung)
- mildes Chilisalz

Für das Pfanderl

- 1 Zwiebel
- je 1 rote und gelbe Paprikaschote
- je ½ gelbe und grüne Zucchini
- 50 ml Gemüsebrühe
- 1 fein geriebene Knoblauchzehe
- 1 TL Baharat (arab. Gewürzmischung)
- 250 g stückige Tomaten (aus der Dose)
- mildes Chilisalz
- 8 Okraschoten
- 1–2 TL Öl
- Salz | Pfeffer aus der Mühle
- 4 Eier
- einige Minzeblätter zum Garnieren

Zubereitung

1 Für das Fladenbrot Mehl und Backpulver in eine Rührschüssel sieben und 1 Prise Salz darüberstreuen. Joghurt dazugeben. Alles mit den Knethaken des Handrührgeräts oder der Küchenmaschine glatt verkneten. Den Teig in 8 Stücke teilen, jedes Teigstück zügig zur Kugel formen und auf der leicht bemehlten Arbeitsfläche nicht zu dünn zu einem Fladen (ca. 7 cm Durchmesser) ausrollen.

2 Eine große Pfanne ohne Fett bei mittlerer Temperatur erhitzen und die Brote darin nacheinander auf beiden Seiten jeweils etwa 2 Minuten backen (dabei blähen sie sich etwas auf). Die Brote aus der Pfanne nehmen, noch warm mit Olivenöl bestreichen und mit Zatar und Chilisalz bestreuen.

3 Für das Pfanderl die Zwiebel schälen und in etwa 1½ cm große Rauten schneiden. Paprika längs halbieren, putzen und waschen. Die Hälften mit dem Sparschäler schälen und in etwa 1½ cm große Rauten schneiden. Zucchini putzen, waschen, längs vierteln und entkernen, schräg in Rauten schneiden.

4 Zwiebel, Paprika und Zucchini in einem Topf in der Brühe bei milder Hitze wenige Minuten dünsten, bei Bedarf noch etwas Brühe nachgießen. Knoblauch, Baharat und Tomatenstücke hinzufügen und alles mit Chilisalz würzen. Das Gemüse aufkochen und knapp unter dem Siedepunkt noch wenige Minuten ziehen lassen.

5 Inzwischen die Okraschoten putzen, waschen und in ½ bis 1 cm dicke Scheiben schneiden, dabei die Stielansätze entfernen. Eine Pfanne bei mittlerer Temperatur erhitzen, ½ bis 1 TL Öl mit einem Pinsel darin verstreichen und die Okraschoten 2 bis 3 Minuten anbraten, mit Salz und Pfeffer würzen. Eine weitere Pfanne bei milder Temperatur erhitzen, das übrige Öl mit einem Pinsel darin verstreichen und die Eier zu Spiegeleiern braten.

6 Zum Servieren je 1 Spiegelei auf einen vorgewärmten Teller setzen und die Shakshuka sowie die Okraschoten darum herum verteilen. Mit Minze garnieren und das Fladenbrot dazu reichen.

Arabische Fischtascherl

4 Personen

Zutaten

Für die Fischtascherl
- 120 g Garnelen (ohne Kopf, geschält; 4 Schalen für den Fond beiseitelegen)
- 120 g weißes Fischfilet (z.B. Wolfsbarsch, Dorade oder Kabeljau)
- 120 g Calamari (küchenfertig)
- ½ Frühlingszwiebel (in dünnen Ringen)
- 1 EL Koriandergrün (frisch geschnitten)
- ½–1 TL Ras el Hanout (marok. Gewürzmischung)
- 1 EL Sojasauce
- abgeriebene Schale von ½ unbehandelten Limette
- 1–2 TL Limettensaft
- ½ Stange Staudensellerie
- 70 g Fenchelknolle
- 50 g passierte Tomaten (aus der Dose)
- 200 ml Hühnerbrühe
- 1 Knoblauchzehe (in Scheiben)
- 15 g Glasnudeln
- 16 Blätter Brickteig
- 100 g zerlassene braune Butter (siehe Tipp Seite 38)
- 1 Eigelb zum Bestreichen

Für den Spinat
- 400 g junger Spinat
- 2 Schalotten
- 1 TL Öl
- abgeriebene Schale von 1 unbehandelten Limette
- 1 EL mildes Olivenöl
- mildes Chilisalz

Zubereitung

1 Für die Füllung Garnelen, Fisch und Calamari waschen und vollkommen trocken tupfen. Dann in ½ bis 1 cm große Stücke schneiden und in eine Schüssel geben. Frühlingszwiebel, Koriander, Ras el Hanout, Sojasauce, Limettenschale und -saft hinzufügen.

2 Sellerie und Fenchel putzen, waschen und in ½ cm dünne Stücke schneiden. 4 Garnelenschalen gründlich waschen und trocken tupfen. In einem Topf ohne Fett bei mittlerer Hitze wenige Minuten rösten, bis sie trocken, rot und knusprig sind. Sellerie und Fenchel kurz mitdünsten. Tomatenpüree und Brühe dazugießen, Knoblauch hinzufügen und alles knapp unter dem Siedepunkt etwa 10 Minuten ziehen lassen. Den Ansatz durch ein Sieb gießen und den Fond auffangen, Schalen, Gemüse und Gewürze entfernen. Die Nudeln in einer kleinen Schüssel mit dem heißen Garnelenfond übergießen, darin etwa 10 Minuten ziehen lassen. Dann den Fond abgießen, die Nudeln mit der Küchenschere klein schneiden und unter die Füllung mischen, nach Belieben mit Sojasauce abschmecken.

3 Den Backofen auf 180 °C vorheizen. Ein Backblech mit Backpapier belegen. Die Teigblätter jeweils zu einem Kreis (17–18 cm Durchmesser) schneiden (die Teigreste anderweitig verwenden). 8 Teigkreise nacheinander in einen tiefen Teller legen, mit brauner Butter bestreichen und ein Achtel der Fischfüllung in die Mitte setzen. Jeweils die Teigenden über der Füllung zusammenschlagen, sodass ein rundes Päckchen entsteht, auf der Naht beiseitelegen.

4 Dann jeweils einen weiteren Teigkreis in den tiefen Teller legen, mit Butter bestreichen und ein bereits gefülltes Päckchen auf der Naht hineinsetzen. Die Teigenden mit etwas Eigelb bestreichen und darüber zusammenschlagen. Die fertigen Tascherl auf der Naht auf das Blech setzen. Auf diese Weise noch 7 weitere Fischtascherl herstellen. Alle Tascherl mit brauner Butter bestreichen und im Ofen auf der mittleren Schiene etwa 20 Minuten backen.

5 Währenddessen den Spinat verlesen, waschen und trocken schleudern, dabei grobe Stiele entfernen. Die Schalotten schälen und in feine Würfel schneiden. Eine große tiefe Pfanne bei mittlerer Temperatur erhitzen, das Öl mit einem Pinsel darin verstreichen

und die Schalotten andünsten. Den Spinat dazugeben und 1 bis 2 Minuten zusammenfallen lassen. Die Pfanne vom Herd nehmen, Limettenschale und Olivenöl hinzufügen und mit Chilisalz würzen.

6 Die Garnelen waschen und trocken tupfen, am dicken Ende etwa 1½ cm einschneiden. Pilze putzen, trocken abreiben und in etwa ½ cm große Stücke schneiden. Eine große Pfanne bei mittlerer Temperatur erhitzen und die braune Butter darin verstreichen. Garnelen und Pilze auf beiden Seiten 1½ bis 2 Minuten braten, dabei Knoblauch, Chili und Zimt dazulegen, mit Chilisalz würzen.

7 Zum Servieren den Spinat auf vorgewärmte Teller verteilen, je 2 Fischtascherl halbieren und daraufsetzen. Die Austernpilze darum herum verteilen und jeweils eine Garnele daraufsetzen.

Außerdem

- 4 Riesengarnelen (entdarmt, bis auf den Schwanz geschält)
- 6–8 Austernpilze
- 1 TL braune Butter
- 1 Knoblauchzehe (in Scheiben)
- 1 kleine rote Chilischote
- 1 Splitter Zimtrinde
- mildes Chilisalz

Carpaccio mit selbst gebackenen Grissini

4 Personen

Zutaten

Für die Grissini (35–40 Stück)

- ¼ Würfel Hefe (10 g)
- 40 ml kalte Milch
- ½ TL Salz (3 g)
- 125 g Mehl
- 1 EL weiche Butter
- Mehl zum Arbeiten
- Fleur de sel
- 1 EL Rosmarinnadeln (fein geschnitten)

Für das Carpaccio

- 70 g Frischkäse (Doppelrahmstufe)
- ½ TL Dijon-Senf
- 1 Spritzer Zitronensaft
- abgeriebene Schale von 1 unbehandelten Zitrone
- mildes Chilisalz
- Zucker
- 400 g Rinderfilet
- Öl für die Folie
- 2 EL mildes Olivenöl
- Salz | Pfeffer aus der Mühle

Außerdem

- 8 Wachteleier
- 4 Cornichons
- 8 Sardellenfilets (in Öl)
- 8 Perlzwiebeln
- einige gemischte Oliven (ohne Stein)
- 1 EL geschälte Mandeln
- 1 EL Pistazienkerne
- 4 EL Parmesanspäne
- einige essbare Blüten und Kräuterblätter (z. B. Kerbel) zum Garnieren

Zubereitung

1 Für die Grissini die Hefe in einer Schüssel mit 30 ml kaltem Wasser glatt rühren. Kalte Milch, Salz, Mehl und weiche Butter dazugeben und alles etwa 10 Minuten glatt verkneten. Den Teig zugedeckt etwa 30 Minuten gehen lassen. Anschließend auf der leicht bemehlten Arbeitsfläche zu einem Rechteck (ca. 20 × 40 cm) dünn ausrollen und auf ein mit Backpapier belegtes Tablett legen. Die Teigplatte etwa 20 Minuten tiefkühlen, dann längs in etwa 1 cm breite Streifen schneiden, dazu bei Bedarf kurz antauen lassen. Ein Backblech mit Backpapier belegen. Die Teigstreifen nebeneinander darauflegen und zugedeckt noch etwa 10 Minuten gehen lassen. Den Backofen auf 180 °C vorheizen.

2 Die Grissini mit etwas Wasser bestreichen, mit Fleur de sel und gehacktem Rosmarin bestreuen und im Ofen auf der mittleren Schiene etwa 12 Minuten backen. Dabei eine Schale mit Wasser auf den Backofenboden stellen oder den Backofenraum vor dem Backen mit Wasser einsprühen. Die Grissini aus dem Ofen nehmen und auf einem Kuchengitter abkühlen lassen.

3 Für das Carpaccio Frischkäse, Senf, Zitronensaft und -schale glatt rühren, bei Bedarf etwas kaltes Wasser unterrühren. Den Zitronenrahm mit Chilisalz und 1 Prise Zucker würzen. Das Fleisch mit einem scharfen Messer erst in etwa 1 cm dicke Scheiben, dann in 1½ cm große Quadrate schneiden. Die Filetscheiben mit etwas Abstand zueinander zwischen zwei Lagen geölter Frischhaltefolie mit der flachen Seite des Fleischklopfers gleichmäßig dünn klopfen. Dann leicht überlappend auf Teller verteilen, mit dem Olivenöl bestreichen und mit Salz und Pfeffer würzen.

4 Zum Servieren die Wachteleier etwa 3 Minuten hart kochen, kalt abschrecken, pellen und halbieren. Cornichons jeweils in 3 bis 4 Stücke schneiden. Sardellenfilets aufrollen. Den Zitronenrahm mit einem Spritzbeutel mit kleiner Lochtülle gitterförmig über die Carpaccio-Teller spritzen. Wachteleier, Cornichons, Sardellenfilets, Perlzwiebeln, Oliven, Mandeln, Pistazien, Parmesanspäne, Blüten und Kräuter darauf locker verteilen. Die Grissini dazu reichen.

Türkische Teigtascherl

4 Personen

Zutaten

Für die Teigtascherl

- 300 g Mehl
- Salz
- 110–120 ml lauwarmes Wasser
- 1 Ei (Größe M)
- Mehl und Grieß zum Arbeiten
- 350 g Blattspinat
- ½ TL Fenchelsamen, 1 Gewürznelke, je ½ TL Korianderkörner und ganzer Kreuzkümmel für die Gewürzmühle
- ½ Zwiebel
- 1 TL Öl
- je ½–1 EL Dillspitzen, Koriandergrün und Petersilienblätter (frisch geschnitten)
- 1 fein geriebene Knoblauchzehe
- 100 g Schafskäse (Feta)
- mildes Chilisalz
- Öl für den Dämpfkorb

Für die Tomatensauce

- 350 g passierte Tomaten (aus der Dose)
- 1 Lorbeerblatt
- 1 Zweig Rosmarin
- 1 fein geriebene Knoblauchzehe
- mildes Chilisalz
- Zucker
- 1 Splitter Zimtrinde zum Reiben

Für den Dip

- 150 g griech. Joghurt (10 % Fett)
- ½ TL abgeriebene unbehandelte Zitronenschale
- 3–4 Estragonblätter (frisch geschnitten)
- 1–2 TL Minzeblätter (frisch geschnitten)
- mildes Chilisalz | Zucker

Zubereitung

1 Für den Teig das Mehl mit ½ TL Salz in eine Schüssel sieben. In die Mitte eine Mulde drücken, 110 ml lauwarmes Wasser und das Ei dazugeben und alles mit den Knethaken des Handrührgeräts oder der Küchenmaschine glatt verkneten. Bei Bedarf mehr Wasser hinzufügen. Den Teig halbieren, jede Hälfte zu einer Kugel formen und auf ein leicht bemehltes Tablett setzen. Die Teigkugeln mit etwas Mehl bestäuben und mit Frischhaltefolie bedeckt bei Zimmertemperatur etwa 1 Stunde ruhen lassen.

2 Für die Füllung inzwischen den Spinat putzen, waschen und trocken schleudern. In kochendem Salzwasser etwa 1 Minute blanchieren. In ein Sieb abgießen, kalt abschrecken und kurz abtropfen lassen. Die Blätter mit den Händen gut ausdrücken und den Spinat klein hacken. Die Gewürze in eine Gewürzmühle füllen. Die Zwiebel schälen und fein würfeln.

3 Eine große tiefe Pfanne bei mittlerer Temperatur erhitzen, das Öl mit einem Pinsel darin verstreichen und die Zwiebel wenige Minuten andünsten. Dann Spinat, Kräuter und Knoblauch dazugeben und unterrühren. Alles mit der Mischung aus der Gewürzmühle würzen und in eine Schüssel füllen. Den Feta zerbröseln und untermischen, die Füllung mit Chilisalz würzen.

4 Die Teigkugeln nacheinander auf die leicht bemehlte Arbeitsfläche setzen (nicht kneten!) und etwa 3 mm dünn zu einem Rechteck ausrollen. Jedes Teigblatt in 6 bis 7 cm große Quadrate schneiden. Jeweils etwas Füllung in die Mitte setzen, die Teigspitzen darüber zusammenfassen und die Kanten etwas andrücken, sodass pyramidenförmige Päckchen entstehen. Ein Backblech oder ein Tablett mit Grieß bestreuen und die Päckchen daraufsetzen. Dann in einem eingefetteten Dämpfkorb etwa 8 Minuten dämpfen. (Alternativ in kochendem Salzwasser kurz bissfest garen.)

5 Für die Sauce das Tomatenpüree mit Lorbeer, Rosmarin und Knoblauch in einem kleinen Topf erhitzen. Mit Chilisalz und 1 Prise Zucker würzen und etwas Zimt darüberreiben, alles knapp unter dem Siedepunkt etwa 10 Minuten ziehen lassen. Für den Dip den Joghurt in einer kleinen Schüssel mit Zitronenschale und Kräutern

mischen, mit Chilisalz und 1 Prise Zucker würzen. Zum Servieren die Tomatensauce auf vorgewärmte Teller verteilen. Die Teigtäschchen mit dem Olivenöl bestreichen und daraufsetzen, mit Sesam bestreuen und mit dem Dip beträufeln. Zuletzt mit den Kräutern und nach Belieben mit essbaren Blüten garnieren.

Außerdem

- mildes Olivenöl zum Bestreichen
- je 1 TL geröstete helle und dunkle Sesamsamen
- einige Koriandergrünblätter und Dillspitzen zum Garnieren

Maultaschen türkischer Art

Gefüllte Teigtascherl heißen in der Türkei Manti, sind aber nichts anderes als Maultaschen – und in Italien nennt man sie Tortellini. In der Türkei werden sie gerne mit einer Sauce aus Joghurt, Knoblauch und Minze gegessen. Manti gibt es von Italien über den Balkan bis nach Afghanistan, selbst in China finden sie sich.

Gefüllte Weinblätter „Damaskus“

4 Personen

Zutaten

Für die Weinblätter

- 30 eingelegte Weinblätter (in Lake; aus dem Glas)
- Salz | 100 g Jasminreis
- 1 TL Öl
- 100 g Rinderhackfleisch
- ¼ TL Baharat (arab. Gewürzmischung)
- 1–2 EL mildes Olivenöl für den Topf und zum Beträufeln
- 2 kleine Lorbeerblätter
- 2 Kardamomkapseln (angedrückt)
- 2 Zacken Sternanis
- 2 Streifen unbehandelte Zitronenschale
- 1 Knoblauchzehe (in Scheiben)
- 3 Scheiben Ingwer
- ¾ l Hühnerbrühe
- 1 EL Zitronensaft
- ¼ TL gemahlener Kreuzkümmel

Für den Dip

- 150 g griech. Joghurt (10 % Fett)
- je ½ TL abgeriebene unbehandelte Limetten- und Orangenschale
- je 1 TL Basilikum- und Minzeblätter sowie Dillspitzen (frisch geschnitten)
- Salz | Pfeffer aus der Mühle
- Zucker

Für das Dukkah

- je 1 TL helle und dunkle Sesamsamen
- 1 EL Sonnenblumenkerne
- 1 EL geröstete gehackte Mandeln
- Fleur de sel | milde Chiliflocken
- Baharat

Zubereitung

1 Die Weinblätter vorsichtig auseinanderrollen, kalt abbrausen und 5 bis 10 Minuten in kaltes Wasser legen. Dann am besten noch unter Wasser vorsichtig voneinander lösen. Die Blätter ½ bis 1 Minute in kochendem Salzwasser blanchieren, in ein Sieb abgießen, kalt abschrecken und abtropfen lassen. Einzeln auf ein sauberes Küchentuch legen, dabei alle geknickten Stellen glätten. Die Blätter trocken tupfen und harte Stiele abschneiden.

2 Für die Füllung den Reis in einem Sieb gründlich kalt abspülen und abtropfen lassen. Eine Pfanne bei mittlerer Temperatur erhitzen, das Öl darin verstreichen und das Hackfleisch unter Rühren krümelig anbraten. Reis dazugeben, mit Baharat und Salz würzen, abkühlen lassen. Einen flachen Topf (23–24 cm Durchmesser) mit Olivenöl einfetten und 2 Weinblätter auf den Topfboden legen.

3 Je 1 Weinblatt mit dem Stielansatz nach unten auf die Arbeitsplatte legen und 1 bis 2 TL Füllung im unteren Drittel quer daraufgeben. Die Ränder rechts und links nach innen schlagen und das Blatt vom Stielansatz her nicht zu fest aufrollen. Die gefüllten Weinblätter auf der Nahtseite nebeneinander in den Topf setzen (max. 2 Lagen!). Lorbeer, Kardamom, Sternanis, Zitronenschale, Knoblauch und Ingwer darauflegen und zuletzt einen flachen Teller, der etwas kleiner ist als der Topf, auf die Blätter setzen. Die Brühe mit Zitronensaft und Kreuzkümmel würzen und so viel über die Blätter gießen, dass sie etwa fingerdick über dem Teller steht. Alles aufkochen und bei milder Hitze knapp unter dem Siedepunkt 20 bis 25 Minuten garen. Ein Weinblatt zum Testen herausnehmen, bei Bedarf noch kurz nachgaren. Den Fond abgießen, einen Teller auf den Topf legen und die Weinblätter daraufstürzen.

4 Währenddessen für den Dip den Joghurt mit Limetten- und Orangenschale in einer kleinen Schüssel glatt rühren. Die Kräuter unterrühren, den Dip mit Salz, Pfeffer und 1 Prise Zucker würzen. Für das Dukkah beide Sesamsorten mit Sonnenblumenkernen und Mandeln in eine Schüssel geben. Mit Fleur de sel und je 1 Prise Chiliflocken und Baharat würzen. Zum Servieren die gefüllten Weinblätter mit dem Dip anrichten und mit dem Dukkah bestreuen. Mit dem übrigen Olivenöl beträufeln.

Essen als Medizin: So gesund ist die Mittelmeerküche wirklich

Ihr Ruf ist Legende: Mittelmeerküche macht schlank, schön und gesund. Viel frisches Gemüse, Fisch, Olivenöl – was ist dran an der mediterranen Ernährung? Ziemlich viel, gerade weil von den Kalorien her nicht so viel dran ist. Und auch die ungesunden Fette fallen weg. Das haben mittlerweile eine ganze Reihe von medizinischen Studien bewiesen, zumindest was das Risiko von Herz-Kreislauf-Erkrankungen angeht.

Essen als Medizin – dieses Thema ist fast so alt wie die Menschheit. Als Beweis für diese Theorie müssen wieder einmal die alten Ägypter herhalten. Die hatten einen der ersten und berühmtesten Streiks der früheren Menschheitsgeschichte – und alles wegen Knoblauch. Der tollen Knolle schrieb man schon damals besondere Fähigkeiten zu. Sie galt als Quell für menschliche Stärke. Zehn Zehen sollte ein Sklave täglich bekommen, um die schwere Arbeit für den Pyramidenbau bewältigen zu können. Als die Lieferung über mehrere Tage ausblieb, legten sie einfach ihre Arbeit nieder. Generalstreik! Erst als ein ausreichender Knoblauchnachschub sichergestellt war, ging es weiter auf der Baustelle des Pharaos.

Safran auf antiken Mosaiken

Schon in der Antike beschäftigten sich Ärzte mit den medizinischen Wirkungen von Lebensmitteln, speziell von Gewürzen. Ob bei dem Ur-Vater der Medizin, dem Griechen Hippokrates, dem römischen Gelehrten Galenus von Pergamon oder dem persischen Arzt Ibn Sina – die Ernährung spielte bei allen eine große Rolle. Und das Wissen der Menschheit geht weiter zurück, als man denkt.

Stichwort Safran. Die schwer zu erntenden Krokusfäden und die Vermutung, dass sie gut für die Sehkraft sind, ist nicht unbedingt eine moderne Erkenntnis. Schon in den Ruinen der Stadt Akrotiri, die durch den Vulkanausbruch auf der Insel Santorin vor über 3500 Jahren besonders gut erhalten geblieben ist, sieht man Mosaike von Safranpflückerinnen, die ihre Ernte der Gottheit weihen. Manche Überlieferungen besagen, dass es auch Darstellungen gab, bei denen die Fäden von einem Arzt direkt in die Augen seiner Patienten gelegt wurden.

Wie sehr Kräuter geschätzt wurden, sieht man daran, dass es bei den vielen olympischen Wettbewerben im antiken Griechenland weder Bronze noch Silber oder gar Gold zu gewinnen gab. Sondern Ölzweige, Selleriestängel oder Fichtenästchen. Der Lorbeerkranz mit der Empfehlung, sich nicht auf denselbigen auszuruhen, war den großen Herrschern wie Gaius Julius Cäsar vorbehalten. Ob diese Insignien des Sieges dann in die Trophäen-Truhe wanderten oder als Würze in der Küche endeten – darüber lassen uns die Überlieferungen im Dunklen.

Was ist dran an der Mittelmeerküche?

Dazu muss man erst einmal definieren, was mediterrane Küche wirklich ist. Denn die Ernährung rund um das Binnenmeer ist so unterschiedlich, wie die Menschen, die dort leben. Wenn von gesunder Mittelmeerküche die Rede ist, dann geht es in fast allen Länderküchen vor allen Dingen um diese sechs Kernpunkte: 1. Hoher Anteil an pflanzlicher Nahrung wie Gemüse, Salate, Hülsenfrüchte und Obst. 2. Vollkornprodukte. 3. Hochwertiges Oliven- oder Rapsöl. 4. Wenig Fleisch, eher Fisch. 5. Milchprodukte. 6. Weniger Salz, dafür mehr Gewürze und Kräuter. Wer sich an diese Ernährungsregeln hält – für den ist, so die Deutsche Gesellschaft für Kardiologie, „ein gesünderes und verlängertes Leben durch mediterrane Ernährung kein Traum, sondern Wirklichkeit".

Blumenkohl im Ganzen mit Harissa-Joghurt

4 Personen

Zutaten

Für den Blumenkohl

- 1 Blumenkohl
- ¼ l Gemüsebrühe
- 100 g Butter
- 50 g Weißbrotbrösel
- 2 EL gemischte Kräuterblätter (z.B. Dill, Kerbel, Koriander, Petersilie; frisch geschnitten)
- ½ TL abgeriebene unbehandelte Zitronenschale
- mildes Chilisalz (siehe Tipp)

Für den Harissa-Joghurt

- 200 g griech. Joghurt (10 % Fett)
- 1–2 TL Harissa-Gewürzmischung
- Salz
- Zucker

Zubereitung

1 Die äußeren Blätter des Blumenkohls entfernen, die inneren feinen Blätter belassen. Den Blumenkohl waschen, im Ganzen in einen Topf setzen und die Brühe dazugießen. Den Blumenkohl mit geschlossenem Deckel bei schwacher Hitze etwa 45 Minuten weich dünsten. Zwischendurch die Brühemenge kontrollieren und, falls nötig, noch etwas Brühe nachgießen.

2 Inzwischen die Butter in einer Pfanne bei mittlerer Hitze zerlassen und die Weißbrotbrösel darin langsam goldbraun bräunen. Dabei mit einem flachen Holzspatel ständig wenden. Die Brösel sofort in eine Schüssel füllen, die Kräuter und die Zitronenschale unterrühren und alles mit Chilisalz würzen.

3 Den Joghurt mit Harissa glatt rühren und mit Salz und 1 Prise Zucker würzen. Zum Servieren den Blumenkohl in 4 Portionen teilen und auf vorgewärmte Teller setzen. Die Bröselschmelze darüberstreuen und den Harissa-Joghurt darum herumträufeln.

Tipp

Eines meiner meistverwendeten Gewürze – das milde Chilisalz – können Sie zu Hause ganz leicht selbst herstellen: einfach 1 EL feines Meersalz mit 1 gestrichenem TL milden Chiliflocken (nach Belieben ohne Kerne!) mischen.

Griechische Vorspeisenplatte

Je 4 Personen

Zutaten

Garnelen auf Gigantes

Für die Gigantes

- 400 g weiße Riesenbohnen (aus der Dose)
- ½ rote Zwiebel
- 1 Stange Staudensellerie
- ½ rote Spitzpaprikaschote
- 50 g schwarze Kalamata-Oliven (ohne Stein) | 1 TL Öl
- ½ Knoblauchzehe (in Scheiben)
- 80 ml Gemüsebrühe
- 1 Zweig Bohnenkraut (ersatzweise ½ TL getr. Bohnenkraut)
- 1 EL Petersilienblätter (frisch geschnitten)
- 5 Minzeblätter (frisch geschnitten)
- 2 EL Weißweinessig
- 2 EL mildes Olivenöl
- mildes Chilisalz | Zucker

Für die Garnelen

- 12 Riesengarnelen (entdarmt, bis auf den Schwanz geschält)
- ½–1 TL Öl
- 2 kleine getr. rote Chilischoten
- 2 Splitter Zimtrinde
- 3 cm Vanilleschote
- 1 Lorbeerblatt

Panierter Feta mit Sesam und Honig

- 50 g doppelgriffiges Mehl (Instant- oder Spätzlemehl)
- 2 Eier
- 1 TL getr. Oregano

Zubereitung

Garnelen auf Gigantes

1 Für die Gigantes die Bohnen in einem Sieb abbrausen und abtropfen lassen. Zwiebel schälen und fein würfeln. Sellerie putzen, waschen, Grün zum Garnieren fein hacken, Stange in dünne Scheiben schneiden. Paprika halbieren, putzen, waschen und würfeln. Oliven längs halbieren. Eine Pfanne bei mittlerer Temperatur erhitzen, das Öl mit einem Pinsel darin verstreichen und Zwiebel, Sellerie, Paprika und Knoblauch wenige Minuten andünsten. Brühe, Bohnen und Bohnenkraut unterrühren. Alles in einer Schüssel mit Oliven, Petersilie, Minze und Selleriegrün mischen, mit Essig und Olivenöl marinieren. Mit Chilisalz und 1 Prise Zucker würzen und etwa 10 Minuten ziehen lassen, ggf. nochmals abschmecken.

2 Die Garnelen waschen und trocken tupfen, 8 Garnelen in je 3 Stücke schneiden. Übrige 4 Garnelen am dicken Ende etwa 1½ cm tief einschneiden. Eine Pfanne bei mittlerer Temperatur erhitzen, das Öl mit einem Pinsel darin verstreichen und ganze Garnelen mit Garnelenstücken, Chilis, Zimt, Vanille und Lorbeerblatt 2 bis 3 Minuten anbraten. Die Garnelenstücke herausnehmen und unter die Bohnen mischen, dann alles auf kleine Teller verteilen. Jeweils eine ganze Garnelen daraufsetzen. Nach Belieben mit Bohnenkraut und Selleriegrün garnieren (im Bild rechts).

Panierter Feta mit Sesam und Honig

1 Das Mehl in einen tiefen Teller geben. Die Eier mit Oregano und Zitronenschale in einem tiefen Teller verquirlen. Weißbrotbrösel, Panko und Sesam ebenfalls in einem tiefen Teller mischen. Den Käse in 4 oder 8 gleich große Stücke (je ca. 1½ cm dick) schneiden und zunächst im Mehl wenden. Dann durch die verquirlten Eier ziehen und zuletzt in der Bröselmischung wenden. Anschließend nochmals in Eiern und Bröselmischung wenden. Das Öl in einer großen Pfanne erhitzen und die panierten Käsestücke darin bei mittlerer Hitze jeweils wenige Minuten rundum goldbraun ausbacken. Herausnehmen und auf Küchenpapier abtropfen lassen.

2 Zum Servieren den Feta auf Teller verteilen, mit Nüssen bestreuen und mit Honig beträufeln. Jeweils etwas Olivenöl darum herumträufeln und alles mit Blüten garnieren (im Bild links).

Köstlicher Willkommensgruß

Im Mittelmeerraum haben Mezedes viel mit Gastfreundschaft zu tun. Dort werden Besucher mit einem großen Teller Vorspeisen empfangen: Oliven, gefüllte Weinblätter, Fladenbrot und diverse Pasten als kulinarischer Willkommensgruß. Heute kennt man das aus der Szene-Gastronomie: „to share“ heißt es da – „zum Teilen“.

- 1 TL abgeriebene unbehandelte Zitronenschale
- 50 g Weißbrotbrösel
- 50 g Panko (asiat. Paniermehl)
- je 1 EL helle und dunkle Sesamsamen
- 500 g Schafskäse (Feta)
- 100 g Öl zum Ausbacken
- 1–2 EL Walnusskerne
- 1–2 EL flüssiger Honig
- 1–2 EL mildes Olivenöl
- einige essbare Blüten zum Garnieren

Weiße Bohnensuppe

4 Personen

Zutaten

- 700 g weiße Riesenbohnen (aus der Dose)
- ½ kleine Zwiebel
- 1 kleine Stange Staudensellerie
- 1 kleine Karotte
- 1 TL schwarze Pfefferkörner
- 1 kleines Lorbeerblatt
- 1 Splitter Zimtrinde
- ½ Knoblauchzehe
- 1 l Hühnerbrühe
- 100 g Sahne
- 1 EL Arganöl (ersatzweise mildes Olivenöl; siehe Tipp)
- mildes Chilisalz
- 1 EL Petersilienblätter (frisch geschnitten)

Zubereitung

1 Die Bohnen in einem Sieb abbrausen und abtropfen lassen. Die Zwiebel schälen und in feine Würfel schneiden. Den Sellerie putzen und waschen, die Karotte putzen und schälen und beides schräg in dünne Scheiben schneiden.

2 Pfeffer, Lorbeer, Zimt und Knoblauch in ein Gewürzsäckchen oder einen Einwegteebeutel füllen und verschließen. Das Gewürzsäckchen mit Zwiebel, Sellerie und Karotte in einen Topf geben, die Brühe dazugießen und alles bei mittlerer Hitze 10 bis 15 Minuten garen. Danach das Gewürzsäckchen wieder entfernen. Die Bohnen hinzufügen und in der Würzbrühe kurz erhitzen.

3 Ein Drittel der Einlage mit einer Schaumkelle herausheben und beiseitestellen. Die Sahne mit dem Arganöl zum Rest der Suppe geben und alles im Topf mit dem Stabmixer fein pürieren.

4 Zum Servieren die beiseitegestellte Einlage wieder unter die pürierte Suppe untermischen, alles nochmals kurz erhitzen und mit Chilisalz abschmecken. Die Bohnensuppe auf vorgewärmte tiefe Teller oder Schalen verteilen und mit Petersilie bestreuen.

Argan – Wunder aus Marokko

Es ist eines der teuersten Öle der Welt. Kein Wunder, denn die Arganfrucht wächst nur an einem einzigen Ort der Welt in der Nähe von Agadir. Hier in Marokko gibt es die Bäume schon seit dem Tertiär (65 bis 2 Millionen Jahre v. Chr.). Und gesund soll Arganöl auch sein: Vorbeugend gegen Krebs, gut für Herz und Kreislauf.

Gefüllte Zucchiniblüten

4 Personen

Zutaten

Für die Zucchiniblüten
- 125 g Mehl
- 125 g Speisestärke
- 2 Päckchen Backpulver (30 g)
- Salz
- frisch geriebene Muskatnuss
- 100 g getr. Tomaten (in Öl)
- 150 ml Gemüsebrühe
- 150 ml Milch
- 150 g Instant-Polenta
- 1 TL Rosmarinnadeln (frisch geschnitten)
- 1 EL Petersilienblätter (frisch geschnitten)
- 1 fein geriebene Knoblauchzehe
- 2 Eier (Größe M)
- 2 EL geriebener Parmesan
- mildes Chilisalz
- 8 Zucchiniblüten (am besten mit Mini-Zucchini)
- Öl zum Frittieren

Für den Gemüsesalat
- 1 rote Paprikaschote
- 1 rote Zwiebel
- 80 g tiefgekühlte grüne Saubohnen (blanchiert)
- 1–2 Handvoll Pioppini-Pilze
- 1 TL Öl
- 1 EL Zitronensaft
- 1 TL abgeriebene unbehandelte Zitronenschale
- Salz
- Zucker
- 2 EL mildes Olivenöl
- frisch geriebene Muskatnuss
- Pfeffer aus der Mühle

Zubereitung

1 Für den Backteig Mehl, Speisestärke und Backpulver in eine Rührschüssel sieben. 300 ml Wasser dazugeben und alles mit einem Schneebesen zu einem glatten Teig verrühren. Mit Salz und etwas Muskatnuss würzen.

2 Für die Polentafüllung die Trockentomaten abtropfen lassen und in kleine Würfel schneiden. Brühe und Milch in einem Topf aufkochen, die Polenta unter Rühren dazugeben und kurz köcheln lassen, bis sie etwas angedickt ist. In eine Schüssel füllen, Trockentomaten, Rosmarin, Petersilie und Knoblauch unterrühren. Die Eier dazugeben und untermischen, den Parmesan hinzufügen und alles mit Chilisalz würzen.

3 Von den Zucchiniblüten den Blütenstempel entfernen. Die Füllung mit einem Spritzbeutel auf die Zucchiniblüten verteilen und die Blüten wieder vorsichtig verschließen. Reichlich Öl in einem großen Topf oder einer Fritteuse auf 160 bis 170 °C erhitzen. Die Zucchiniblüten nach und nach durch den Backteig ziehen, kurz abtropfen lassen und im Öl jeweils etwa 4 Minuten hell backen. Herausnehmen und auf Küchenpapier abtropfen lassen.

4 Für den Gemüsesalat inzwischen die Paprika längs halbieren, putzen, waschen und ½ bis 1 cm groß würfeln. Die Zwiebel schälen und fein würfeln. Die Bohnen aus den dicken Schalen lösen, in einem Sieb abbrausen und abtropfen lassen. Die Pilze putzen.

5 Eine Pfanne bei mittlerer Temperatur erhitzen, das Öl mit einem Pinsel darin verstreichen und Paprika und Zwiebel kurz andünsten. Danach Bohnen und Pilze hinzufügen und ebenfalls kurz erhitzen. Alles in eine Salatschüssel geben und mit Zitronensaft und -schale, Salz und 1 Prise Zucker würzen.

6 Zum Servieren den lauwarmen Gemüsesalat auf vorgewärmte Teller verteilen und mit Olivenöl beträufeln. Mit etwas Muskatnuss und Pfeffer würzen. 4 Zucchiniblüten schräg halbieren und jeweils 1 ganze und 2 halbe Zucchiniblüten auf jeden Teller setzen. Nach Belieben mit Rosmarin garnieren.

Gesund kochen: Das rät Alfons Schuhbeck

„Moderne Küche darf ruhig gesund sein – aber vor allem muss sie schmecken!" Davon ist Alfons Schuhbeck überzeugt. Früher war das Essen nur Ernährung, heutzutage ist es ein Genuss. Und manchmal sogar Medizin. Wichtig ist für Alfons Schuhbeck, dass sie leicht, sonnig und zeitgemäß interpretiert wird.

Gesunde Küche – für Alfons Schuhbeck ist das vor allem eine Frage der verwendeten Produkte. „Kaufen Sie frisch ein", rät er, „und denken Sie daran, was gerade Saison hat. Der Körper weiß, was ihm guttut, und es kommt nicht von ungefähr, dass man sich im Frühjahr auf den Spargel freut und im Winter die Rote Bete am besten schmeckt."

Weniger ist für die Gesundheit häufig mehr

Dosiert einkaufen und frisch kochen ist das eine. Mindestens genauso wichtig ist für Schuhbeck die Garmethode: „Schonend mit den Produkten umgehen", rät der Chef, „nicht alles verkochen oder niederbraten, sondern auf die Temperatur achten. Auch da ist weniger mehr." Weniger heißt aber nicht unbedingt verzichten. Schuhbeck: „Eine an Pflanzenfasern reiche Ernährung ist sicher gut, aber der Körper braucht auch Eiweiß. Ich halte nichts von einer Küche, bei der man mit Nahrungsergänzungsmitteln seinem Körper das gibt, was man ihm aus philosophischen Gründen verweigert." Moderne Ernährung soll sich auch an den Lebensumständen der Menschen orientieren. Früher wurde überwiegend körperlich und hart gearbeitet. „Da hat man kräftiges Essen gebraucht", meint Schuhbeck. „Aber der Büromensch von heute, der braucht nicht jeden Tag einen Schweinsbraten mit zwei Knödeln."

„Ein guter Koch überlegt sich heute: Wie kann ich das Essen so abstimmen, dass es der Körper gut verwerten kann?" Und gut ausschauen muss es, ohne dass der Teller überfrachtet ist. Schuhbeck: „Wenn drei Dinge drauf sind, dann reicht das. Zu viele Zutaten kann der Gaumen gar nicht wahrnehmen." Kräuter und Gewürze sind für Schuhbeck unverzichtbare Gefährten der gesunden Küche. Wie kaum ein anderer Koch hat er sich mit den medizinischen Wirkungen von Knoblauch, Ingwer & Co. beschäftigt. Ein Wissen, das in der Geschichte der Menschheit immer wieder abhandengekommen ist. Schon in der talmudischen Medizin der Hebräer rund 2000 Jahre v. Chr. wusste man viel über Lebensmittel: Gurgeln mit Olivenöl gegen Halsweh, Rosenwasser gegen Kopfschmerzen – und Obstweine für das Allgemeinbefinden. Essen war bereits damals nicht nur Medizin, sondern auch ein Genussmittel.

Basilikum und Rosmarin: unschlagbares Duo

Am Mittelmeer kreuzen sich ganze Geruchswelten. Hier vermischen sich orientalische Aromen mit Düften der Macchia. Basilikum und Rosmarin, Kurkuma und Zimt – das sind die Stars des Mittelmeers.

Der Geruch nach Basilikum! Typisch Mittelmeer? Von wegen, der Ursprung des Krauts soll in Indien liegen. Und seinen Namen verdankt es den Griechen. Denn „basileus“ heißt nichts anderes als „König“ – mit einem wahrhaft „königlichen“ Küchenkraut haben wir es also zu tun. Basilikum duftet intensiv nach einem Mix aus Anis, Nelken, Minze, Piment, Zimt und Zitrus. Dafür sind eine Reihe von Duft- und Wirkstoffen verantwortlich, die uns beleben, tonisieren und unsere Konzentration fördern. Wichtig: Die Blätter sind sehr hitzeempfindlich, daher Gerichte am besten immer erst direkt beim Servieren mit den frischen Blättern würzen.

Auch der etwas robustere Rosmarin war in der Antike bei Griechen und Römern bereits gut bekannt – nicht nur als Küchenkraut. Im Gegensatz zu Basilikum lässt er sich gut trocknen und schmeckt dann herb-würzig, weil sich seine Gerb- und Bitterstoffe konzentrieren. Beide Substanzen regen die Leber und damit unsere Verdauung an. Frischer Rosmarin verträgt allzu hohe Hitze allerdings auch schlecht, daher die ganzen Zweige am Ende der Garzeit nur kurz im Essen ziehen lassen und zum Servieren wieder entfernen.

Kurkuma und Zimt: Arabien trifft Europa

Im Osten grenzt das Mittelmeer an den arabischen Kulturkreis und öffnet sich damit den typischen arabischen Gewürzen wie Kurkuma oder Zimt. Durch Kreuzzüge und arabische Eroberungsfahrten nach Süditalien und Spanien fanden viele der „Gewürze aus 1001 Nacht“ ihren Weg an die nordwestlichen Ufer des Mittelmeers.

Die im Mittelalter als „Gelbwurz“ titulierte Kurkumawurzel diente nicht nur zum Färben von Lebensmitteln, sondern ist seitdem auch zentraler Bestandteil zahlreicher Gewürzmischungen – bekanntester Vertreter ist der Curry, aber auch Senfkompositionen profitieren davon. Kurkuma harmonisiert unseren Körper: Neueste Studien zeigen, dass das Gewürz Entzündungen hemmen, Blutfettwerte senken und das Herz-Kreislauf-System stärken kann.

Der Zimt gelangte auf seinem Weg aus dem Orient ins Abendland sogar bis nach Skandinavien. Während das duftende Pulver bei uns traditionell mit Weihnachten und der kalten Jahreszeit assoziiert wird, kommt es in seinen Herkunftsländern traditionell rund ums Jahr an fast alle Gerichte: Zimt eignet sich auch für Fleisch und Fisch, Gemüse (Karotten, Kürbis, Tomaten-Sugo) und Hülsenfrüchte (Linsen), herzhaft und süß. Übrigens: In der Goldenen Milch respektive der Kurkuma Latte (siehe Seite 126) finden Sie die beiden Gewürze Kurkuma und Zimt perfekt kombiniert.

Zweierlei Tapas

Je 4 Personen

Zutaten

Gazpacho mit Wassermelone

- 1 rote Paprikaschote
- 2 Tomaten
- ½ Salatgurke
- 200 g Wassermelone
- 2 Scheiben Toastbrot
- 1 fein geriebene Knoblauchzehe
- ½ TL fein geriebener Ingwer
- ½–1 EL Weißweinessig
- mildes Chilisalz
- Zucker
- ½–1 EL eingelegter Ingwer (in Scheiben)
- 2 EL mildes Olivenöl

Schwarzer Reis mit Calamari

Für das Risotto

- 250 g schwarzer Risottoreis (am besten Vialone nano)
- ¾ l Gemüsebrühe (bei Bedarf etwas mehr zum Nachgießen)
- 1 Päckchen Tintenfischtinte (aus der Fischhandlung)
- 1–2 fein geriebene Knoblauchzehen
- ½ TL abgeriebene unbehandelte Orangenschale
- 2 EL kalte Butter
- mildes Chilisalz

Für die Calamari

- 16 Calamaretti (küchenfertig)
- ½–1 TL Öl
- je ½–1 EL Dillspitzen, Koriandergrün und Petersilienblätter (frisch geschnitten)
- mildes Chilisalz

Zubereitung

Gazpacho mit Wassermelone

Die Paprika längs halbieren, putzen und waschen. Die Tomaten waschen und vierteln, dabei die Stielansätze entfernen. Die Gurke putzen, schälen und längs halbieren. Die Melone schälen und entkernen. Gemüse, Melone und 1 Scheibe Toastbrot grob zerkleinern und im Standmixer fein pürieren. Dann so viel kaltes Wasser (ca. 150 ml) hinzufügen, bis die gewünschte Konsistenz erreicht ist. Alles in einer Schüssel mit Knoblauch, Ingwer und Essig verrrühren und mit Chilisalz und 1 Prise Zucker würzen. Den Gazpacho bis zum Servieren kühl stellen, ggf. nochmals abschmecken. Zum Servieren den übrigen Toast in kleine Würfel schneiden und in einer Pfanne ohne Fett bei milder Hitze goldbraun rösten. Herausnehmen und abkühlen lassen. Den Gazpacho auf Gläser oder Tassen verteilen. Mit dem eingelegten Ingwer garnieren, mit dem Olivenöl beträufeln und mit den Croûtons bestreuen. Nach Belieben mit einigen Mini-Basilikumspitzen garnieren (im Bild links oben).

Schwarzer Reis mit Calamari

Für das Risotto den Risottoreis und die Brühe in einen Topf geben. Ein Blatt Backpapier darauflegen und den Reis knapp unter dem Siedepunkt 18 bis 20 Minuten leicht garen, bis er die Flüssigkeit gerade aufgenommen hat. Bei Bedarf noch etwas mehr Brühe dazugießen. Danach die Tintenfischtinte mit Knoblauch und Orangenschale dazugeben und unterrühren. Zuletzt die kalte Butter in Würfeln unterziehen und das Risotto mit Chilisalz würzen. Inzwischen die Calamaretti waschen, trocken tupfen und in 1½ bis 2 cm breite Stücke schneiden. Eine große Pfanne bei mittlerer Temperatur erhitzen, das Öl mit einem Pinsel darin verstreichen und die Calamaretti etwa 1½ Minuten unter Wenden leicht braten. Die Pfanne vom Herd nehmen, die Kräuter dazugeben und die Calamaretti mit Chilisalz würzen. Zum Servieren das Risotto auf vorgewärmte Teller verteilen und die Calamaretti darauf anrichten. Nach Belieben mit Koriandergrün, Petersilie und Dillspitzen garnieren.

Gratinierte Jakobsmuscheln auf Spinat

4 Personen

Zutaten

Für die Sauce Hollandaise

- 50 g Butter
- 40 ml Crémant
- 25 ml Hühnerbrühe
- 1 Msp. mildes Currypulver
- 1 sehr (!) frisches Eigelb (Größe M)
- Salz
- 1 Msp. mildes Chilipulver
- 1 EL zerlassene braune Butter (siehe Tipp)
- einige Tropfen Zitronensaft

Für den Spinat

- 125 g Blattspinat
- 1 EL Gemüsebrühe
- ¼ Knoblauchzehe (in Scheiben)
- ½ Scheibe Ingwer
- Salz | Pfeffer aus der Mühle
- frisch geriebene Muskatnuss
- ½ Msp. abgeriebene unbehandelte Zitronenschale

Außerdem

- 4 tiefe Jakobsmuschelschalen (falls erhältlich)
- 500 g grobes Meersalz für die Form
- 4 Jakobsmuscheln (ausgelöst, ohne Corail)
- 6 Dillspitzen zum Garnieren

Zubereitung

1 Für die Hollandaise die Butter in einem Topf bei milder Hitze zerlassen, abschäumen und ohne Bodensatz in einen kleinen Topf füllen. Crémant und Brühe in einem kleinen Topf auf 1 bis 2 EL einköcheln lassen. Alles in eine Metallschüssel füllen, Currypulver und Eigelb dazugeben und alles mit einem Schneebesen oder mit den Quirlen des Handrührgeräts über dem heißen Wasserbad zu feinporigem Schaum aufschlagen. Die Temperatur sollte dabei 75 bis max. 78 °C nicht übersteigen (Speisethermometer!). Die Schüssel vom Wasserbad nehmen und die flüssige warme Butter gleichmäßig erst tropfenweise, dann in einem dünnen Faden unterrühren – die Schaummasse soll die Butter binden. Die Hollandaise mit Salz, Chili, brauner Butter und Zitronensaft abschmecken.

2 Spinat verlesen, waschen und trocken schütteln, grobe Stiele entfernen. Die Brühe in einer großen tiefen Pfanne bei milder Temperatur erhitzen. Spinat, Knoblauch und Ingwer darin zusammenfallen lassen, mit Salz, Pfeffer, Muskat und Zitronenschale würzen.

3 Zum Servieren den Backofengrill einschalten. Jakobsmuschelschalen waschen und trocken tupfen und nebeneinander in eine Auflaufform setzen. Damit die Muscheln nicht kippen, nach Belieben jeweils ein kleines Meersalzbett daruntersetzen. Den Spinat auf die Schalen verteilen. Muschelfleisch waschen und trocken tupfen, je 1 Jakobsmuschel auf den Spinat setzen und mit Sauce Hollandaise überziehen. Dann die Muscheln unter dem Backofengrill auf der mittleren Schiene wenige Minuten auf Sicht überbacken. Herausnehmen und auf Teller setzen. Mit Dillspitzen garnieren.

Tipp

Für eine braune Butter die gewünschte Menge Butter in einem Topf bei mittlerer Hitze langsam erwärmen, bis sie goldbraun ist und ein nussiges Aroma hat. Durch ein mit Küchenpapier ausgelegtes Sieb gießen und abkühlen lassen. Zugedeckt hält sich braune Butter im Kühlschrank mehrere Wochen.

Hummus mit Fladenbrot

4 Personen

Zutaten

Für den Hummus (ca. 200 g)

- 170 g Kichererbsen (aus dem Glas)
- 3–4 zerstoßene Eiswürfel (je nachdem, wie stark die Kichererbsen Flüssigkeit aufnehmen; etwas antauen lassen und grob zerstoßen)
- 2 EL helles Tahin (Sesampaste; ersatzweise 1 EL Öl)
- 2–3 EL mildes Olivenöl
- ½ TL Salz
- 1 Spritzer Zitronensaft
- geröstete helle und dunkle Sesamsamen zum Bestreuen

Für das Fladenbrot (ca. 16 Stück)

- 500 g Mehl
- 100 g weiche Butter
- 10 g frische Hefe (¼ Würfel)
- 300 ml lauwarmes Wasser
- 10 g Salz
- Mehl zum Arbeiten

Zubereitung

1 Für den Hummus die Kichererbsen in einem Sieb abbrausen und abtropfen lassen. Im Blitzhacker grob pürieren, das zerstoßene Eis samt Tauwasser nach und nach dazugeben und alles so lange mixen, bis eine cremige Paste entstanden ist. Tahin und 1 EL Olivenöl dazugeben, mit Salz und Zitronensaft würzen. Zum Servieren den Hummus in eine kleine Schüssel füllen, in die Mitte eine Kuhle drücken und das übrige Olivenöl dazugeben. Mit Sesam bestreuen.

2 Für das Brot das Mehl mit der Butter in einer Rührschüssel mit den Knethaken des Handrührgeräts mischen. Die Hefe mit etwas lauwarmem Wasser glatt rühren. Hefe, Salz und übriges lauwarmes Wasser zum Mehl-Butter-Mix geben und gut einarbeiten. Den Teig an einem warmen Ort abgedeckt etwa 30 Minuten gehen lassen. Dann in 16 Stücke teilen und jedes Teigstück mit leicht bemehlten Händen zur Kugel formen. Nebeneinander auf die Arbeitsfläche setzen und mit einem leicht angefeuchteten Küchentuch abgedeckt etwa 15 Minuten gehen lassen. Backofen auf 200 °C vorheizen.

3 Danach jede Teigkugel mit leicht bemehlten Händen zu einem kleinen Fladen auseinanderdrücken. Die Fladen nebeneinander auf Backbleche legen, mit einem Küchentuch abgedeckt nochmals etwa 10 Minuten gehen lassen. Etwas Wasser in den vorgeheizten Backofenraum sprühen. Die Fladenbrote nacheinander im Ofen auf der mittleren Schiene jeweils 12 bis 15 Minuten goldbraun backen. Herausnehmen und auf einem Kuchengitter abkühlen lassen.

Varianten

Für Pesto-Hummus 50 g blanchierten, ausgedrückten Spinat, ½ Bund Basilikum, 1 EL geriebenen Parmesan und 40 ml kalte Gemüsebrühe im Blitzhacker nicht zu fein pürieren und unter 200 g Hummus rühren. Für Rote-Bete-Hummus 120 g Rote Bete (vorgegart und vakuumiert) klein schneiden und im Blitzhacker pürieren, mit 200 g Hummus verrühren und mit Salz, Pfeffer, ¼ TL fein geriebenem Ingwer, 1 Msp. abgeriebener unbehandelter Orangenschale sowie je 1 Prise Kardamom und Zucker würzen. Beides in kleine Schüsseln füllen und nach Belieben mit essbaren Blüten garnieren.

Marokkanische Salate

Je 4 Personen

Zutaten

Für Feldsalat mit Safran-Vinaigrette
- 5–10 Safranfäden
- 50 ml warme Hühner- oder Gemüsebrühe
- 1 Schalotte
- 1 EL Weißweinessig
- 1 Msp. Dijon-Senf
- 1 EL Arganöl (ersatzweise mildes Olivenöl)
- 2 EL Granatapfelkerne
- Salz | Pfeffer aus der Mühle
- Zucker
- 4 große Handvoll Feldsalat

Für den Karotten-Zimt-Salat
- 1 weiße Zwiebel (ca. 150 g)
- 500 g Karotten
- 200 ml Hühner- oder Gemüsebrühe
- 1 Knoblauchzehe (in Scheiben)
- 1 kleiner Splitter Zimtrinde
- 3 Kardamomkapseln (angedrückt)
- 1 kleine rote Chilischote
- 1 Spritzer Weißweinessig
- 2 EL mildes Olivenöl | Salz

Für das Taboulé
- 100 g Instant-Bulgur | Salz
- 2 große Tomaten (ca. 160 g)
- 2 Bund Petersilie
- 1 Bund Koriandergrün
- 1 Bund Dill
- ½ Bund Minze
- 1 fein geriebene Knoblauchzehe
- Saft von 1 Zitrone
- 1 TL abgeriebene unbehandelte Zitronenschale
- 1 EL Weißweinessig
- 5 EL mildes Olivenöl | Zucker

Zubereitung

1 Für den Feldsalat erst für die Vinaigrette die Safranfäden in einer Tasse in der warmen Brühe einweichen. Inzwischen die Schalotte schälen und in sehr feine Würfel schneiden. In einer Salatschüssel Essig, Senf und Safranbrühe verrühren. Das Arganöl dazugeben und unterrühren, die Schalottenwürfel und Granatapfelkerne hinzufügen. Alles mit Salz, Pfeffer und 1 Prise Zucker würzen. Den Feldsalat verlesen, waschen und trocken schleudern, dann mit der Vinaigrette mischen. Zum Servieren den Feldsalat auf kleine Schalen verteilen und nach Belieben noch mit 2 EL Walnüssen garnieren (im Bild unten rechts).

2 Für den Karotten-Zimt-Salat die Zwiebel schälen und fein würfeln. Die Karotten putzen und schälen, erst in etwa 4 cm lange Stücke und diese in dünne Stifte schneiden. Zwiebel und Karotten mit der Brühe in einen Topf geben und Knoblauch, Zimt, Kardamom und Chili hinzufügen. Ein Blatt Backpapier darauflegen und die Karotten knapp unter dem Siedepunkt etwa 12 Minuten weich dünsten. Danach vom Herd nehmen, Essig und Olivenöl unterrühren und den Karottensalat mit Salz würzen. Zum Servieren die Karotten samt Gewürzen auf mehrere kleine Schalen oder eine große Servierschale verteilen und nach Belieben mit essbaren Blüten garnieren (in der Bildmitte links).

3 Für das Taboulé den Bulgur in eine Schüssel geben und mit heißem, leicht gesalzenem Wasser gut bedecken. Den Bulgur 10 bis 15 Minuten quellen lassen. Anschließend in ein Sieb abgießen und gut abtropfen lassen. Währenddessen die Tomaten kreuzweise einritzen, überbrühen und kalt abschrecken. Danach die Tomaten häuten und vierteln, dabei die Stielansätze und Kerne entfernen. Die Tomatenfilets in kleine Würfel schneiden. Die Kräuter waschen und trocken tupfen, die Blätter abzupfen und fein hacken. Den abgetropften Bulgur in einer Salatschüssel mit den Tomatenwürfeln und den Kräutern mischen. Knoblauch, Zitronensaft und -schale, Essig und Olivenöl dazugeben und locker unterheben, zuletzt alles mit Salz und 1 Prise Zucker abschmecken. Zum Servieren das Taboulé auf kleine Schalen verteilen und nach Belieben mit Dillspitzen, Koriandergrün und Minzeblättern garnieren (im Bild oben rechts).

Allerlei von der Artischocke

Je 4 Personen

Zutaten

Für gegarte Artischocken im Ganzen

- 4 große Artischocken
- 1 unbehandelte Zitrone (in Scheiben)
- Salz

Für Artischockenböden mit Eier-Vinaigrette

- 12 mittelgroße Artischocken
- Saft von 1 Zitrone
- ¼ l Gemüsebrühe
- 2 hart gekochte Eier
- 1 Schalotte
- 80 ml Artischockenbrühe (siehe unten; ersatzweise Gemüsebrühe)
- ½–1 TL Dijon-Senf
- 1–2 EL Weißweinessig
- 2 EL Öl
- 1 EL mildes Olivenöl
- mildes Chilisalz
- Pfeffer aus der Mühle
- Zucker
- 1 EL gemischte Kräuterblätter (z.B. Dill, Kerbel, Schnittlauch; frisch geschnitten)

Für die Artischockenbrühe

- 600 ml Hühner- oder Gemüsebrühe
- Abschnitte von 12 Artischocken (siehe oben)
- 2 Knoblauchzehen
- (in Scheiben)
- 3 Scheiben Ingwer
- 10–15 Safranfäden
- mildes Chilisalz

Zubereitung

1 Für gegarte Artischocken im Ganzen von den Artischocken den Stiel sowie die harten Blattspitzen im oberen Teil abtrennen. Jeweils beide Schnittflächen mit 1 Zitronenscheibe belegen und mit Küchengarn fixieren. Die Stiele großzügig schälen und mit den Artischocken in Salzwasser 30 bis 35 Minuten garen, bis sich die Blätter leicht aus dem Boden ziehen lassen. (Nach Belieben die Artischocken dabei mit einem Teller oder kleinen Deckel beschweren, damit sie vollständig im Kochwasser liegen.) Zwischendurch den Garzustand der Stiele durch Einstechen mit einem kleinen Messer prüfen. Die Stiele nach etwa 20 Minuten herausnehmen, etwas abkühlen lassen und, falls nötig, noch vorhandene holzige Fasern abziehen. Die Artischocken danach herausnehmen und zum Servieren mit den Stielen auf vorgewärmte Teller verteilen (im Bild oben).

2 Für Artischockenböden mit Eier-Vinaigrette von den Artischocken jeweils den Stiel sowie die harten Blattspitzen im oberen Teil abtrennen, verbliebene Blätter rund um den Artischockenboden abschneiden. (Abschnitte für Suppe aufbewahren.) Das „Heu“ mit einem Teelöffel oder Kugelausstecher herauslösen. Die Artischocken bis zum Kochen in Zitronenwasser legen, damit sie sich nicht bräunlich verfärben. Dann die Artischocken in einem Topf in der Gemüsebrühe mit geschlossenem Deckel 12 bis 15 Minuten gerade weich garen. Für die Vinaigrette die Eier pellen und die Eigelbe und Eiweiße separat klein würfeln. Schalotte schälen und fein würfeln. Die Artischockenbrühe mit Senf, Essig, Öl und Olivenöl verrühren. Schalotte unterrühren, mit Chilisalz, Pfeffer und 1 Prise Zucker würzen, Eier und Kräuter untermischen. Die Artischockenböden auf die Oberseite stellen, sodass die Stiele nach oben zeigen, und die Vinaigrette darüberträufeln. Wer will, kann die Vinaigrette noch mit klein gehacktem, eingelegtem Ingwer verfeinern (im Bild links).

3 Für die Artischockenbrühe in einem Topf die Brühe erhitzen und die Artischockenabschnitte mit Knoblauch und Ingwer darin knapp unter dem Siedepunkt etwa 8 Minuten ziehen lassen. In ein Sieb abgießen und abtropfen lassen, dabei 80 ml Brühe für die Vinaigrette abnehmen und beiseitestellen. Den Safran in die Brühe rühren und darin etwa 10 Minuten ziehen lassen. Die Brühe mit Chilisalz würzen und auf vorgewärmte Tassen verteilen (im Bild rechts).

Spanische Tapas

8 Personen

Zutaten

Kartoffeln in Salzschale mit roter und grüner Sauce

Für die Kartoffeln

- 1 kg kleine bis mittelgroße vorwiegend festkochende Kartoffeln
- 200 g grobes Meersalz

Für die rote Sauce

- ¼ rote Paprikaschote
- 2 fein geriebene Knoblauchzehen
- 1 Msp. fein geriebener Ingwer
- ¼ TL Salz
- ½ TL edelsüßes Paprikapulver
- ½ TL milde Chiliflocken
- 4 EL Rapsöl
- 3 EL mildes Olivenöl
- 1 Spritzer Weißweinessig
- je ½ TL Fenchelsamen, Koriander- und schwarze Pfefferkörner für die Gewürzmühle

Für die grüne Sauce

- ¼ grüne Paprikaschote
- 1 Bund Petersilie
- 2 fein geriebene Knoblauchzehen
- 1 Msp. fein geriebener Ingwer
- 1 Msp. abgeriebene unbehandelte Zitronenschale
- ½ TL mildes Chilisalz
- Zucker
- 4 EL mildes Olivenöl
- 3 Rapsöl
- 1 Spritzer Weißweinessig
- ½ TL ganzer Kreuzkümmel

Zubereitung

Kartoffeln in Salzschale mit roter und grüner Sauce

1 Die Kartoffeln waschen und trocken tupfen. Mit dem Salz in einen Topf geben, mit Wasser auffüllen und die Kartoffeln bei milder Hitze je nach Sorte und Größe etwa 20 Minuten weich garen. Danach das Kochwasser fast vollständig abgießen, sodass es gerade noch den Topfboden bedeckt. Den Topf auf den Herd zurückstellen und das Restwasser bei milder Hitze verdampfen lassen – es bleiben trockene, vom Salz weißlich überzogene Kartoffeln zurück. Die Kartoffeln dabei immer wieder vorsichtig wenden.

2 Für die rote Sauce Paprika putzen, waschen und grob schneiden. Mit Knoblauch, Ingwer, Salz, Paprikapulver, Chiliflocken, Rapsöl, Olivenöl und Essig in einen hohen Rührbecher geben. Fenchel, Koriander und Pfeffer in eine Gewürzmühle füllen und alles damit würzen, dann den Paprika-Mix mit dem Stabmixer sämig pürieren.

3 Für die grüne Sauce Paprika putzen, waschen und grob schneiden. Petersilie waschen, trocken tupfen, Blätter abzupfen. Paprika, Petersilie, Knoblauch, Ingwer, Zitronenschale, Chilisalz, 1 Prise Zucker, Olivenöl, Rapsöl und Essig in einen hohen Rührbecher geben. Kreuzkümmel in eine Gewürzmühle füllen und alles damit würzen, dann den Paprika-Mix mit dem Stabmixer sämig pürieren.

4 Zum Servieren die salzummantelten Kartoffeln auf kleine Teller verteilen. Die beiden Saucen jeweils in eine kleine Schale füllen und dazu reichen, dabei die grüne Sauce nach Belieben mit Kräuterblättern garnieren (im Bild unten links und oben rechts).

Deckel drauf – warum Tapas so heißen

Sie sind die kulinarische Visitenkarte der Spanier. Warum die leckeren Kleinigkeiten Tapas heißen, erklärt sich aus der Wortbedeutung. Tapa heißt Deckel. Früher bestand dieser einfach aus einer Scheibe Schinken, Chorizo oder Manchego. Damit nichts ins Weinglas fällt – wahlweise Sand vom nahen Meer oder Staub aus der Wüste. Je nach der erzählten Legende.

Spanische Tapas

Je 8 Personen

Zutaten

Pimientos de Padrón

- 300 g Pimientos de Padrón (span. Bratpaprikaschoten)
- 1 EL Öl
- Fleur de sel

Pulpo mit buntem Gemüse

Für das Gemüse
- ½ Fenchelknolle
- je ½ rote und gelbe Paprikaschote
- 1 Karotte
- ½ kleine Zucchini
- 80 ml Brühe
- 1 Knoblauchzehe
- (in Scheiben)
- 2 Scheiben Ingwer
- einige kleine Zweige Thymian (ersatzweise 1 Zweig Rosmarin)
- ca. 60 ml mildes Olivenöl zum Einlegen
- Salz | Pfeffer aus der Mühle

Außerdem
- 400 g gegarter Pulpo (Oktopus)
- ½–1 TL Öl
- 1 Knoblauchzehe (in Scheiben)
- 2 Scheiben Ingwer
- Fleur de sel
- Pfeffer aus der Mühle

Zubereitung

Pimientos de Padrón

Die Pimientos de Padrón waschen und gut trocken tupfen. Das Öl in einer Pfanne bei mittlerer Temperatur erhitzen und die Pimientos darin bei milder Hitze wenige Minuten rundum anbräunen. Herausnehmen, auf vorgewärmte kleine Teller, Schalen oder Gläser verteilen und mit Fleur de sel würzen (im Bild Seite 47 Mitte links).

Pulpo mit buntem Gemüse

1 Für das bunte Gemüse die Fenchelknolle putzen, waschen und in etwa 1½ cm große Stücke schneiden. Die Paprikaschoten putzen, waschen und ebenfalls in etwa 1½ cm große Stücke schneiden. Die Karotte putzen, schälen und schräg in dünne Scheiben schneiden. Die Zucchini putzen, waschen und längs vierteln, das weiche Innere entfernen und die Zucchiniviertel schräg in etwa 1 cm breite Stücke schneiden.

2 Fenchel, Paprika und Karotte mit der Brühe in eine Pfanne geben. Ein Blatt Backpapier darauflegen und das Gemüse knapp unter dem Siedepunkt etwa 10 Minuten bissfest dünsten. Dabei nach 7 bis 8 Minuten die Zucchini dazugeben. Das Gemüse in eine Schüssel geben und mit Knoblauch, Ingwer, Thymian und Olivenöl mischen, mit Salz und Pfeffer würzen.

3 Den Pulpo in etwa 1 cm dicke Scheiben schneiden. Eine Pfanne bei mittlerer Temperatur erhitzen, das Öl mit einem Pinsel darin verstreichen und den Pulpo mit Knoblauch und Ingwer anbraten. Alles mit Fleur de sel und Pfeffer würzen. Zum Servieren mit dem Gemüse auf kleine Teller verteilen (im Bild Seite 47 rechts unten).

Zubereitung

Wolfsbarsch in süß-saurem Gewürzsud

1 Für den Sud Zwiebeln und Karotte schälen, den Sellerie putzen und waschen. Die Zwiebeln in etwa 1 cm große Blätter schneiden. Karotte und Sellerie in 3 bis 4 mm dünne Scheiben schneiden.

2 Wacholder, Piment- und Pfefferkörner sowie Fenchelsamen in einer tiefen Pfanne ohne Fett bei mittlerer Temperatur erwärmen. Brühe und Gemüse dazugeben und alles etwa 10 Minuten garen. Zitronenschale, Ingwer und Lavendel hinzufügen, den Sud mit Wein, Essig, Salz und Zucker kräftig abschmecken und bei 80 bis 90 °C warm halten (Speisethermometer!).

3 Den Fisch waschen und trocken tupfen. Eine große Pfanne bei mittlerer Temperatur erhitzen und das Öl mit einem Pinsel darin verstreichen. Den Fisch mit der Haut ins Mehl tauchen und in der Pfanne auf der Haut anbraten. Dann herausnehmen, auf der Fleischseite in den Sud legen und etwa 5 Minuten ziehen lassen. Nach Belieben sofort servieren oder mehrere Stunden marinieren.

4 Zum Servieren etwas Gemüse auf vorgewärmte Schalen verteilen und etwas Sud dazugießen. Den Fisch daraufsetzen, mit Olivenöl beträufeln und mit Pfeffer würzen. Nach Belieben mit einigen Dillspitzen garnieren (im Bild Seite 47 oben Mitte).

Tipp

Lavendel spielte als Gewürz und Heilpflanze schon im Alten Rom eine wichtige Rolle. Von dort fand es Verbreitung im westlichen Mittelmeerraum, heute ist es vor allem in Frankreich ein beliebtes Würzkraut und oft auch Bestandteil der „Herbes de Provence“. Die getrockneten Blüten eignen sich für die herzhafte Küche, bekannter ist jedoch ihre Verwendung in Desserts und Süßigkeiten.

8 Personen

Zutaten

Wolfsbarsch in süß-saurem Gewürzsud

Für den Sud
- 2 Zwiebeln
- 1 Karotte
- 1 Stange Staudensellerie
- 5 Wacholderbeeren
- 5 Pimentkörner
- 1 TL schwarze Pfefferkörner
- ½ TL Fenchelsamen
- ¾ l Hühner- oder Gemüsebrühe
- 1 Streifen unbehandelte Zitronenschale
- 2 Scheiben Ingwer
- 1 Prise getr. Lavendelblüten (siehe Tipp)
- 50 ml Weißwein
- 100 ml Weißweinessig
- Salz
- 2–3 TL Zucker

Für den Wolfsbarsch
- 8 Stücke Wolfsbarschfilet (à ca. 60 g; mit Haut, ohne Gräten)
- 1 TL Öl
- 2 EL doppelgriffiges Mehl (Instant- oder Spätzlemehl)

Außerdem
- 1–2 EL mildes Olivenöl zum Beträufeln
- Pfeffer aus der Mühle

Hauptspeisen

Dorade auf grünem Spargel mit Fregola sarda

4 Personen

Zutaten

Für Spargel und Fregola

- 500 g grüner Spargel (am besten dünne Stangen)
- Salz
- 100 ml Gemüsebrühe
- 120 g Fregola sarda (ersatzweise Reisnudeln)
- 1 Lorbeerblatt
- 1 kleine getr. rote Chilischote
- 2 Tomaten
- 1 kleine fein geriebene Knoblauchzehe
- 1 Msp. fein geriebener Ingwer
- 1 EL Butter
- 2 TL Kapern
- je ¼ TL abgeriebene unbehandelte Zitronen- und Orangenschale
- 1 Zweig Thymian
- 1 EL geriebener Parmesan
- 1 EL mildes Olivenöl
- mildes Chilisalz

Für die Dorade

- 4 Doradenfilets (à 100–120 g; mit Haut, ohne Gräten)
- 2 EL doppelgriffiges Mehl (Instant- oder Spätzlemehl)
- 1 EL Öl
- 4 Scheiben Ingwer
- 1 rote Chilischote
- 1 Lorbeerblatt
- 1 halbierte Knoblauchzehe

Zubereitung

1 Den Spargel waschen, ggf. im unteren Drittel schälen und die holzigen Enden abschneiden. Spargel in Salzwasser 6 bis 8 Minuten bissfest garen, mit einer Schaumkelle herausheben, kalt abschrecken und abtropfen lassen. Anschließend die Spitzen der Spargelstangen etwa 5 cm lang abschneiden und nach Belieben noch längs halbieren. Die restlichen Stangen schräg in Scheiben schneiden. Den Spargel zum Servieren in 50 ml Brühe erhitzen.

2 Inzwischen die Fregola in reichlich kochendem Salzwasser mit Lorbeer und Chilischote etwa 15 Minuten bissfest garen, in ein Sieb abgießen und abtropfen lassen. Die Tomaten kreuzweise einritzen, überbrühen, kalt abschrecken, häuten und vierteln, dabei Stielansätze und Kerne entfernen. Die Tomatenfilets würfeln.

3 Zum Servieren die Fregola mit der übrigen Brühe, Knoblauch und Ingwer in einen Topf geben. Die Spargelscheiben mit Butter, Kapern und Tomatenwürfeln dazugeben und alles kurz erhitzen. Den Fregola-Mix mit Zitrusschalen würzen und den Thymianzweig hinzufügen. Den Topf vom Herd nehmen, Parmesan und Olivenöl unterrühren und alles mit Chilisalz würzen. Den Thymianzweig wieder entfernen.

4 Für die Dorade die Fischfilets waschen, trocken tupfen und auf der Hautseite ins Mehl tauchen. Das Öl in einer Pfanne bei mittlerer Temperatur erhitzen und die Doradenfilets darin auf der Haut 3 bis 4 Minuten kross anbraten, dabei unter das dünne Endstück jeweils 1 Scheibe Ingwer legen und Chilischote, Lorbeerblatt und Knoblauch darum herum verteilen. Den Fisch wenden, die Pfanne vom Herd nehmen und den Fisch in der Nachhitze der Pfanne noch 1 bis 2 Minuten glasig durchziehen lassen.

5 Zum Servieren die Fregola-Mischung auf vorgewärmte Teller verteilen. Fischfilets auf Küchenpapier abtropfen lassen, zur Fregola setzen und mit Chilisalz würzen. Die Spargelspitzen danebenlegen.

Rindsragout mit Steinpilz-Fenchel-Gröstl

4 Personen

Zutaten

Für das Ragout
- 1,2 kg Fleisch aus der Rinderschulter (Fettdeckel entfernt)
- 2 Zwiebeln
- 100 g Knollensellerie
- 1 kleine Karotte
- 1 EL Tomatenmark
- 300 g passierte Tomaten (aus der Dose)
- ¾ l Hühnerbrühe
- 1 TL Puderzucker
- 350 ml kräftiger Rotwein
- 1 TL schwarze Pfefferkörner
- ½ TL grob zerstoßene Pimentkörner
- 5 Wacholderbeeren (angedrückt)
- 1 Lorbeerblatt
- 1 Knoblauchzehe (in Scheiben)
- 2 Scheiben Ingwer
- 1 Zweig Rosmarin
- Salz

Für das Gröstl
- 400 g festkochende Kartoffeln
- Salz
- 200 g kleine feste Steinpilze
- 1 kleine Fenchelknolle
- 1 EL Öl
- Salz | Pfeffer aus der Mühle

Außerdem
- ½–1 TL Öl
- 100 g Coppa-Schinken (in dünnen Scheiben; ersatzweise Parmaschinken)
- 1 TL getr. Lavendelblüten

Zubereitung

1 Für das Ragout das Fleisch 3 bis 4 cm groß würfeln. Die Zwiebeln schälen, Sellerie und Karotte putzen und schälen, alles etwa 1 cm groß würfeln und im Bräter ohne Fett bei mittlerer Temperatur leicht andünsten. Das Tomatenmark unterrühren und kurz mitrösten. Tomatenpüree und Fleisch dazugeben, die Brühe dazugießen. Alles mit einem Blatt Backpapier bedecken und knapp unter dem Siedepunkt etwa 3 Stunden weich garen. Inzwischen den Puderzucker in einer Pfanne hell karamellisieren. Den Wein dazugießen und alles auf ein Fünftel (70 ml) einkochen lassen, beiseitestellen.

2 Das Fleisch aus der Sauce nehmen und beiseitestellen. Pfeffer, Piment, Wacholder und Lorbeerblatt in die Sauce geben und diese etwa auf die Hälfte einköcheln lassen. Knoblauch, Ingwer und Rosmarin darin wenige Minuten ziehen lassen. Sauce durch ein Sieb gießen, das Gemüse etwas ausdrücken, Gemüse und Gewürze entfernen. Sauce mit Rotweinreduktion und Fleisch mischen, salzen.

3 Währenddessen für das Gröstl die Kartoffeln schälen, etwa 1 cm groß würfeln und in Salzwasser weich garen. Abgießen und ausdampfen lassen. Die Pilze putzen, trocken abreiben und in Scheiben schneiden. Den Fenchel putzen, halbieren und waschen, längs durch den Strunk in max. ½ cm dünne Scheiben schneiden. Eine große Pfanne bei mittlerer Temperatur erhitzen, ½ TL Öl mit einem Pinsel darin verstreichen und die Kartoffeln goldbraun anbraten. Herausnehmen und beiseitestellen. Dann erst Fenchel, danach die Pilze separat im übrigen Öl anbraten. Kartoffeln und Fenchel wieder zu den Pilzen geben, das Gröstl salzen und pfeffern.

4 Eine große Pfanne bei mittlerer Temperatur erhitzen und das Öl mit einem Pinsel darin verstreichen. Die Schinkenscheiben nach und nach auf beiden Seiten kross braten, herausnehmen und auf Küchenpapier abtropfen lassen.

5 Zum Servieren das Ragout auf vorgewärmte Teller verteilen und Gröstl und Coppa-Schinken dazulegen. Mit Lavendel und nach Belieben mit karamellisierten Fenchelsamen bestreuen.

Rotbarbenfilets im Safran-Artischocken-Sud

4 Personen

Zutaten

Für die Artischocken

- 500 g römische (Mini-) Artischocken
- Saft von 1 Zitrone
- 8–10 Safranfäden
- ½ l Hühner- oder Gemüsebrühe
- 1 kleines Lorbeerblatt
- 1 Knoblauchzehe (in Scheiben)
- 2 Scheiben Ingwer
- 1 Streifen unbehandelte Zitronenschale
- 1 Spritzer Anislikör (z.B. Pernod)
- Salz

Für die Rotbarbe

- 8 Rotbarbenfiletstücke (à ca. 70 g; mit Haut, ohne Gräten)
- 1 TL Öl
- 8 Scheiben Ingwer
- 1 Splitter Zimtrinde
- 1 kleine rote Chilischote
- 1 Zweig Rosmarin
- Salz

Außerdem

- 1 TL Öl
- 4 große Fenchelscheiben (aus der Mitte geschnitten)
- Salz | Pfeffer aus der Mühle
- 1 TL Fenchelsamen
- 1 TL schwarze Pfefferkörner
- 2 Tomaten (gehäutet und in Würfel geschnitten)
- 1 EL mildes Olivenöl
- einige Kräuterblätter (z.B. Mini-Basilikum und Kerbel) zum Garnieren

Zubereitung

1 Von den Artischocken den Stiel sowie die harten Blattspitzen im oberen Teil abtrennen. Die Artischocken bis zum Kochen in Zitronenwasser legen. Die Safranfäden in einer Tasse in 2 EL warmem Wasser einweichen. In einem Topf die Brühe mit Lorbeer, Knoblauch, Ingwer und Zitronenschale erhitzen und die Artischocken darin knapp unter dem Siedepunkt 10 bis 12 Minuten gerade weich ziehen lassen.

2 Zwischendurch den Garzustand prüfen und bei Bedarf die Artischocken früher herausnehmen (siehe Seite 44). Die Artischocken etwas abkühlen lassen und der Länge nach halbieren. Die Brühe durch ein Sieb gießen und in den Topf zurückgeben, die Gewürze entfernen. Den eingeweichten Safran zur Brühe geben und alles mit Anislikör und Salz abschmecken. Zum Servieren die Artischockenhälften im Safransud kurz erwärmen.

3 Für die Rotbarbe den Fisch waschen und trocken tupfen. Eine Pfanne bei mittlerer Temperatur erhitzen und das Öl mit einem Pinsel darin verstreichen. Die Fischfilets auf der Haut 2 bis 3 Minuten kross anbraten, dabei unter das dünne Endstück jeweils 1 Scheibe Ingwer legen. Dann Zimt, Chili und Rosmarin hinzufügen. Den Fisch wenden, die Pfanne vom Herd nehmen und den Fisch in der Nachhitze der Pfanne noch 1 bis 2 Minuten glasig durchziehen lassen.

4 Eine Pfanne bei mittlerer Temperatur erhitzen, das Öl mit einem Pinsel darin verstreichen und die Fenchelscheiben auf beiden Seiten wenige Minuten anbraten, mit Salz und Pfeffer würzen. Fenchelsamen und Pfefferkörner in eine Gewürzmühle füllen.

5 Zum Servieren die Fenchelscheiben auf vorgewärmte tiefe Teller legen, die Artischockenhälften darum herum verteilen und die Tomatenwürfel darüberstreuen. Die Fischfilets auf Küchenpapier abtropfen lassen, mit der Haut nach oben auf das Gemüse setzen und mit Salz bestreuen. Alles mit der Mischung aus der Gewürzmühle würzen, mit etwas Olivenöl beträufeln und mit den Kräuterblättern garnieren.

Moussaka-Torte

4 Personen

Zutaten

Für die Moussaka

- 1½ längliche große Auberginen (à ca. 350 g)
- Salz | 1 Zwiebel
- 2 Knoblauchzehen (in feinen Würfeln)
- 1 TL Öl
- 3 EL Tomatenmark
- 600 g gemischtes Hackfleisch (von Kalb und Rind)
- 50 ml Hühnerbrühe
- 250 g stückige Tomaten (aus der Dose)
- ¼ TL gemahlener Kreuzkümmel
- ¼ TL Zimtpulver
- 1–2 TL Zatar (arab. Gewürzmischung)
- 200 g vorwiegend festkochende Kartoffeln
- 120 g Zucchini
- 150 g Schafskäse (Feta)
- Öl für die Form
- 40 g geriebener Parmesan
- 5 EL Sahne

Für den Salat

- ¼ Salatgurke
- 1 rote Zwiebel
- 150 g bunte Cocktailtomaten (rot und gelb)
- 200 g Romanasalat
- 100 g Schafskäse (Feta)
- 1 EL kleine Kapern
- 50 g schwarze Kalamata-Oliven (ohne Stein)
- 1–2 EL Weißweinessig
- 1–2 EL mildes Olivenöl
- Salz | Pfeffer aus der Mühle
- Zucker

Zubereitung

1 Für die Moussaka die Auberginen putzen, waschen und längs in etwa ½ cm dünne Scheiben schneiden. Auslegen, beidseitig salzen und 15 Minuten ziehen lassen. Zwiebel schälen, fein würfeln und mit dem Knoblauch in einer tiefen Pfanne im Öl andünsten. Tomatenmark kurz mitdünsten. Hackfleisch, Brühe und Tomatenstücke hinzufügen und die Sauce offen etwa 30 Minuten köcheln lassen. Dabei nach etwa 15 Minuten Kreuzkümmel, Zimt und Zatar unterrühren. Währenddessen die Kartoffeln schälen, waschen und auf der Gemüsereibe in 2 bis 3 mm dünne Scheiben hobeln. In Salzwasser etwa 3 Minuten fast weich garen, vorsichtig in ein Sieb abgießen, kalt abschrecken und abtropfen lassen. Die Zucchini putzen, waschen und quer in 5 bis 6 mm dicke Scheiben schneiden. Den Feta in 5 bis 6 mm dicke Scheiben schneiden.

2 Den Backofen auf 170 °C vorheizen. Eine runde Auflaufform (ca. 20 cm Durchmesser) mit Öl einfetten. Erst 1 kleine Auberginenscheibe hineinlegen, dann die Form mit den großen Auberginenscheiben so auslegen, dass die Enden über den Formrand hängen. Ein Viertel der Hackmasse darauf verstreichen, Kartoffelscheiben gleichmäßig darauf verteilen. Mit einem weiteren Viertel Hackmasse bestreichen und mit den Fetascheiben belegen. Ein weiteres Viertel Hackmasse daraufgeben und mit Zucchinischeiben belegen. Übrige Hackmasse daraufstreichen, in die Mitte eine kleine Auberginenscheibe legen und die überhängenden Auberginenscheiben nach innen darüberklappen. Moussaka im Ofen im unteren Drittel etwa 45 Minuten backen. Parmesan und Sahne verrühren, nach 45 Minuten auf der Moussaka verteilen. Dann noch 12 bis 15 Minuten nicht zu dunkel überbacken, dabei kontrollieren. Herausnehmen und vor dem Servieren 15 bis 20 Minuten abkühlen lassen.

3 Für den Salat Gurke putzen, waschen und in Scheiben schneiden. Zwiebel schälen, halbieren und quer in 3 bis 4 mm dünne Streifen schneiden. Tomaten waschen und halbieren. Vom Romana äußere Blätter entfernen, Salat in einzelne Blätter teilen, waschen, trocken schleudern und in mundgerechte Stücke zupfen. Feta würfeln. Alles mischen und mit Kapern und Oliven auf Teller verteilen, mit Essig und Olivenöl beträufeln und mit Salz, Pfeffer und Zucker würzen. Die Moussaka in Stücke schneiden und danebensetzen.

Kroatische Schweinsbackerl mit Paprikareis

4 Personen

Zutaten

Für die Schweinsbackerl
- 2 Zwiebeln
- ½ Karotte
- 2 Stangen Staudensellerie
- 1 TL Puderzucker
- 150 g passierte Tomaten (aus der Dose)
- ¾ l Hühnerbrühe
- 8 Schweinsbackerl (à ca. 100 g)
- ¼ l kräftiger Rotwein
- 1 EL Speisestärke
- 2 Zweige Rosmarin
- 2 Knoblauchzehen (in Scheiben)
- 2 Scheiben Ingwer
- je 2 Streifen unbehandelte Zitronen- und Orangenschale
- Salz | Pfeffer aus der Mühle

Für den Paprikareis
- Salz
- 150 g Langkornreis
- ½ Zwiebel
- 1 rote Paprikaschote
- 150 g tiefgekühlte grüne Saubohnen (blanchiert)
- 1 TL Öl
- 1 fein geriebene Knoblauchzehe
- 80 ml Hühnerbrühe
- Salz | Pfeffer aus der Mühle

Zubereitung

1 Für die Schweinsbackerl Zwiebeln und Karotte schälen und in etwa 1 cm große Würfel schneiden. Den Sellerie putzen, waschen und etwa 1 cm groß würfeln. Einen Bräter ohne Fett bei mittlerer Temperatur erhitzen und das Gemüse darin wenige Minuten andünsten, mit Puderzucker bestäuben. Tomatenpüree und Brühe dazugeben und die Schweinsbackerl unterrühren. Ein Blatt Backpapier darauflegen und die Schweinsbackerl knapp unter dem Siedepunkt 1 bis 1¼ Stunden weich garen.

2 Inzwischen den Wein auf ein Fünftel (50 ml) einkochen lassen. Das Fleisch aus der Sauce nehmen und beiseitestellen. Die Sauce durch ein Sieb gießen und in den Topf zurückgeben, dabei das Gemüse gut ausdrücken. Die Speisestärke mit wenig kaltem Wasser glatt rühren, in die Sauce geben und köcheln lassen, bis diese sämig bindet. Rosmarin, Knoblauch, Ingwer und Zitrusschalen hinzufügen und die Sauce mit Rotweinreduktion, Salz und Pfeffer abschmecken. Die Backerl wieder in die Sauce legen und darin noch wenige Minuten ziehen lassen. Die ganzen Gewürze zum Servieren wieder entfernen.

3 Währenddessen in einem Topf 300 ml Wasser leicht salzen und aufkochen, den Reis darin bei milder Hitze etwa 20 Minuten bissfest garen. Anschließend mit einer Gabel etwas auflockern. Inzwischen Zwiebel schälen und fein würfeln. Paprika längs halbieren, waschen, putzen und etwa ½ cm klein würfeln. Saubohnen aus den Schalen lösen, in einem Sieb abbrausen und abtropfen lassen.

4 Eine tiefe Pfanne bei mittlerer Temperatur erhitzen und das Öl mit einem Pinsel darin verstreichen. Die Zwiebel wenige Minuten leicht andünsten, dann Paprika, Saubohnen und Knoblauch hinzufügen und die Brühe dazugießen. Das Gemüse wenige Minuten dünsten, den gegarten Reis untermischen und alles kurz erhitzen. Bei Bedarf noch etwas Brühe nachgießen und alles mit Salz und Pfeffer würzen. Zum Servieren den Paprikareis auf vorgewärmte Teller verteilen. Die Schweinsbackerl danebenlegen und mit der Sauce beträufeln. Nach Belieben mit Rosmarin garnieren.

Leber venezianisch mit Kräuternudeln und Feigen

4 Personen

Zutaten

Für die Leber

- 300 g Kalbsleber
- 1 Zwiebel
- ½ Stange Lauch
- 1 EL Öl
- 2 EL doppelgriffiges Mehl (Instant- oder Spätzlemehl)
- mildes Chilisalz
- 5–10 g Marzipanrohmasse
- 50 ml Weißwein

Für die Nudeln

- 400 g Tagliatelle (oder andere Bandnudeln)
- Salz
- 1–2 EL mildes Olivenöl
- 200 g Steinpilze
- ¼ l Hühnerbrühe
- je 1 EL Dillspitzen, Minze- und Petersilienblätter (frisch geschnitten)

Außerdem

- 2 Feigen
- mildes Olivenöl zum Beträufeln
- 1 EL geröstete Mandelblättchen

Zubereitung

1 Die Leber häuten und putzen, waschen und trocken tupfen. Erst in dünne Scheiben und dann in etwa 3 cm große Stücke schneiden. Die Zwiebel schälen, halbieren und quer in etwa 3 mm dünne Streifen schneiden. Den Lauch putzen, längs halbieren, waschen und quer in etwa 3 mm dünne Streifen schneiden.

2 Das Öl in einer großen Pfanne bei mittlerer Temperatur erhitzen. Die Leberstücke im Mehl wenden, etwas abklopfen und im Öl 2 bis 3 Minuten anbraten, dabei zwischendurch einmal wenden. Herausnehmen und mit Chilisalz würzen.

3 Anschließend Zwiebel und Lauch in der Pfanne im verbliebenen Fett bei mittlerer Hitze wenige Minuten andünsten. Das Marzipan fein zerpflücken und untermischen. Den Wein dazugießen und einkochen lassen, alles mit Chilisalz würzen.

4 Inzwischen die Nudeln in reichlich kochendem Salzwasser bissfest garen. In ein Sieb abgießen, abtropfen lassen und mit dem Olivenöl mischen. Die Steinpilze putzen, trocken abreiben und in etwa ½ cm dünne Scheiben schneiden. In einer großen tiefen Pfanne die Brühe mit den Nudeln und Steinpilzen erhitzen und Dill, Minze und Petersilie dazugeben.

5 Zum Servieren die Feigen putzen, waschen und in Spalten schneiden. Die Kräuterbandnudeln auf vorgewärmte Teller verteilen und mit dem Olivenöl beträufeln. Die Leber mit den Feigenspalten daraufsetzen und alles mit Mandeln bestreuen. Nach Belieben noch mit Salbeiblättern garnieren.

Paella

4 Personen

Zutaten

Für den Garnelenfond

- 250 g Garnelen (mit Kopf)
- ½ Zwiebel, 1 Stange Staudensellerie und ¼ Fenchelknolle (jeweils in 1 cm großen Stücken)
- 1 TL Öl
- 150 g passierte Tomaten (aus der Dose)
- 850 ml Hühnerbrühe
- 1 Lorbeerblatt
- 2 Knoblauchzehen (in Scheiben)
- 2 Scheiben Ingwer
- 3 cm Vanilleschote
- 1–2 Splitter Zimtrinde
- 1 getr. rote Chilischote
- 1 Prise Safranfäden (ca. 15 Fäden) | mildes Chilisalz

Für die Paella

- 2 Hähnchenkeulen
- 1 EL mildes Olivenöl | Salz
- 1½–2½ TL Öl
- 400 g Paellareis (ersatzweise Risottoreis)
- ½ rote Paprikaschote
- 100 g tiefgekühlte Erbsen (aufgetaut)
- 200 g grüner Spargel
- je 100 g Seeteufel- und Wolfsbarschfilet (ohne Gräten)
- 100 g Calamari (küchenfertig)
- 4 Garnelen (nach Belieben mit Kopf, ungeschält)
- 200 g Miesmuscheln
- je ½ TL Fenchelsamen, Koriander- und schwarze Pfefferkörner für die Gewürzmühle
- mildes Chilisalz

Zubereitung

1 Für den Fond den Backofen auf 150 °C vorheizen. Die Garnelen aus den Schalen lösen und beiseitelegen. Die Schalen waschen, abtropfen lassen und trocken tupfen, auf einem Backblech verteilen und im Ofen auf der mittleren Schiene etwa 20 Minuten rösten. Herausnehmen und mit Zwiebel, Sellerie und Fenchel in einem Topf im Öl bei milder Hitze andünsten. Tomatenpüree und Brühe dazugießen, Lorbeer, Knoblauch, Ingwer, Vanille, Zimt und Chili hinzufügen. Alles einmal aufkochen und knapp unter dem Siedepunkt etwa 15 Minuten ziehen lassen. Den Fond durch ein Sieb gießen und auffangen, den Safran unterrühren, alles mit Chilisalz würzen, warm halten. Garnelenschalen und Gemüse entfernen.

2 Backofen auf 160 °C vorheizen. Ein Backblech mit Backpapier belegen. Keulen am Gelenk durchtrennen und das breite Stück halbieren. Hähnchenstücke waschen, trocken tupfen, auf dem Blech verteilen und im Ofen auf der mittleren Schiene etwa 45 Minuten garen. Herausnehmen, mit Olivenöl bestreichen und salzen. Inzwischen 1 bis 2 TL Öl in einer großen Pfanne erhitzen und den Reis darin kurz anbraten. Den Fond unterrühren, alles mit einem Blatt Backpapier bedecken und knapp unter dem Siedepunkt 25 bis 30 Minuten ziehen lassen. Die Paprika putzen, waschen und etwa 1 cm groß schneiden. Die Erbsen in einem Sieb abbrausen und abtropfen lassen. Spargel waschen, im unteren Drittel schälen und die holzigen Enden entfernen. Stangen schräg in etwa ½ cm breite Scheiben schneiden, Spitzen ganz lassen. Paprika, Erbsen und Spargel nach etwa 20 Minuten Garzeit unter den Reis mischen.

3 Alle Fischstücke waschen und trocken tupfen. Seeteufel in etwa 1 cm dicke Scheiben schneiden und halbieren, Wolfsbarsch in etwa 2 cm große Stücke schneiden. Calamari in etwa 1½ cm breite Stücke schneiden. Garnelen entdarmen (siehe Seite 10), waschen und trocken tupfen. Muscheln gründlich säubern (siehe Seite 10). Fenchel, Koriander und Pfeffer in eine Gewürzmühle füllen. Eine große Pfanne bei mittlerer Temperatur erhitzen, übriges Öl mit einem Pinsel darin verstreichen und Fisch und Meeresfrüchte etwa 1½ Minuten anbraten. Vom Herd nehmen, mit Chilisalz und der Mischung aus der Gewürzmühle würzen. Zum Servieren die Pfanne auf den Tisch setzen oder die Paella auf vorgewärmte Teller verteilen.

Orecchiette mit Brokkoli und Sardellen

4 Personen

Zutaten

- 350 g Orecchiette (ersatzweise Muschelnudeln)
- Salz
- 5 EL mildes Olivenöl
- 400 g Brokkoli
- 2 EL Pinienkerne
- 300 ml Gemüsebrühe
- 2–3 Sardellenfilets (in Öl)
- 1 Knoblauchzehe (in Scheiben)
- 2 kleine getr. rote Chilischoten
- 1 Streifen unbehandelte Zitronenschale
- 1 EL Petersilienblätter (frisch geschnitten)
- 2 EL geriebener Parmesan

Zubereitung

1 Die Nudeln in reichlich kochendem Salzwasser nach Packungsanweisung bissfest garen. In ein Sieb abgießen, kurz abtropfen lassen, auf einem Tablett ausbreiten und mit 2 EL Olivenöl mischen.

2 Inzwischen den Brokkoli putzen, waschen und in Röschen teilen, die Stiele schälen und in Scheiben schneiden. Beides in Salzwasser bissfest blanchieren, in ein Sieb abgießen, kalt abschrecken und abtropfen lassen. Inzwischen die Pinienkerne in einer Pfanne ohne Fett hell rösten, herausnehmen und abkühlen lassen.

3 Die Brühe in einer großen tiefen Pfanne erhitzen. Die Sardellen und den Knoblauch dazugeben und mit dem Stabmixer unter die Brühe mixen. Chilischoten und Zitronenschale dazugeben und wenige Minuten darin ziehen, aber nicht kochen lassen, danach wieder entfernen. Anschließend den Brokkoli und die gegarten Orecchiette hinzufügen und in der Würzbrühe so lange erhitzen, bis die Nudeln fast die gesamte Flüssigkeit aufgenommen haben.

4 Zuletzt das übrige Olivenöl mit der Petersilie hinzufügen und alles salzen. Zum Servieren die Nudeln auf vorgewärmte Pastateller verteilen und mit Pinienkernen und Parmesan bestreuen.

Tipp

Den Brokkoli können Sie in diesem Gericht nach Belieben noch durch 1 Handvoll Artischockenherzen (in Vierteln) und etwa 100 g gekochten Schinken (in ca. 1 cm großen Rauten) ergänzen.
Die Sauce wird außerdem etwas sämiger, wenn Sie mit Sardellen und Knoblauch noch 1 bis 2 EL Mascarpone in die Brühe mixen.

Gewürze – der lange Weg zum guten Geschmack

Es ist die größte Badewanne Europas. Die meisten Menschen verbinden mit dem Mittelmeer, Sommer, Sonne und Strand. Und natürlich auch das gute Essen. Wie wäre es mit einer herzhaften Paella, tiefgelb vom vielen Safran? Oder dürfen es Spaghetti all'arrabiata sein – schön scharf mit viel Chili? All diese Köstlichkeiten hätte es ohne das Mittelmeer nie gegeben. Nicht, weil hier die talentiertesten Köche sitzen, sondern weil über das „Mare nostrum", wie es die Römer genannt haben, die Routen des guten Geschmacks führten. Über das Mittelmeer kamen nämlich die Gewürze aus Asien und Amerika zu uns.

Und zwar weitaus früher als gedacht. Erst vor Kurzem haben Forscher der Münchner Ludwig-Maximilians-Universität das bewiesen. An der Levante, in diesem Fall in der Stadt Meggido, die im heutigen Israel liegt, wurden Zahnreste im Labor genau analysiert. Und siehe da: Schon vor 3700 Jahren ergötzte man sich hier an Soja, Kurkuma, Sesamöl oder Bananen. Alles Produkte, die bis dato eigentlich nur in Ost- und Südasien nachgewiesen wurden.

Noch früher als bislang vermutet kamen Gewürze und andere Waren von Asien über Mesopotamien und Ägypten in den Mittelmeerraum. Vermutlich auch schon über die berühmteste Handelsstraße der Welt, die Seidenstraße. Der Beginn des globalen Handels. Die Anfänge der Globalisierung. Aber erst viele Jahrhunderte später nahm der Gewürzhandel mit den venezianischen Kaufleuten Schwung auf. Im alten Konstantinopel, dem heutigen Istanbul, endete der Landweg. Von hier zog der Duft der großen weiten Welt per Schiff in die Lagune von Venedig ein.

Reiche Leute hießen Pfeffersäcke

In den Warenhäusern des mächtigen Stadtstaates roch es schon im Mittelalter nach Muskatnuss, Sternanis oder Nelken. Das Geschäft war so einträglich, dass man die reichen Leute Pfeffersäcke nannte. Die Kaufmänner von Venedig ließen sogar ihre Speisen vergolden. Erst ein Verbot durch den Rat von Venedig beendete diesen dekadenten Spuk. Aber auch in Deutschland verdienten sich die Händler mit Gewürzen eine goldene Nase. Kein Wunder, bis dato gab es nur Salz, heimischen Kümmel und Knoblauch.

Einer der größten Profiteure des Gewürz-Booms war das Kaufmannsgeschlecht der Fugger aus Augsburg. Mit ihrem unermess-

lichen Reichtum finanzierten sie die Wahl Karl V. (1500–1558) zuerst zum römisch-deutschen König und dann sogar zum Kaiser. Das viele Geld lieferte Nahrung für Legenden. Zum Beispiel, unter welchen Umständen Anton Fugger dem heillos verschuldeten Kaiser aus der Bredouille half. Er verbrannte seine Schuldscheine – aber nicht über einem Holzfeuer. Fugger zündete Zimtstangen an, eines der damals teuersten Gewürze der Welt, um seine Macht zu demonstrieren.

Dichtung oder Wahrheit – diese Geschichte zeigt, dass Gewürze den Lauf der Welt veränderten. Ende des 15. Jahrhunderts bröckelte das Quasi-Monopol der Venezianer auf den Gewürzhandel. Dann zerbrach es völlig, als die Portugiesen 1498 einen eigenen Seeweg nach Indien entdeckten. Vasco da Gama musste nur das Kap der guten Hoffnung in Südafrika umschiffen – schon konnte er in Calicut (dem heutigen Kalkutta) Gewürze in rauen Mengen einkaufen. Als er nach zweijähriger Fahrt zurückkehrte, war seine Ladung 60-mal mehr wert als die Expedition samt Schiff und Mannschaft insgesamt gekostet hatte.

Damit gelang da Gama das, was sein Kollege Christoph Kolumbus mehrmals erfolglos versucht hatte. Der Italiener in Diensten der Portugiesen wollte ebenfalls nach Indien – aller-

dings auf der Westroute. Dass der glücklose Kapitän dabei Amerika entdeckte, wusste er Zeit seines Lebens nicht. Er ging davon aus, das chinesische Festland erreicht zu haben. Die kulinarischen Folgen seiner Expeditionen waren jedoch langfristig bedeutender als die von Vasco da Gama. Aus Mittelamerika brachte Kolumbus nämlich Tomaten, Paprika, Kartoffeln sowie Chili mit und revolutionierte die europäische Speisekarte damit grundlegend.

Gewürze beeinflussen oder ändern heutzutage nicht mehr die Weltgeschichte. Weltbewegend ist ihr Einsatz aber immer noch in der Küche. „Gewürze sind wie ein Orchester", sagt Alfons Schuhbeck, „da mag einer die erste Geige spielen, und manch einer haut nur selten auf die Pauke – aber im Zusammenspiel sind sie unschlagbar!"

Mit diesen Mischungen würzt der Orient

Wahre Meister beim Kombinieren der Gewürze sind die Köche im Orient und in Nordafrika: Drei Mischungen sind besonders bekannt. Harissa ist ein Chilipaste aus Tunesien und Marokko. Baharat kommt überall im Orient vor – mit Kreuzkümmel, Koriander, Zimt, Muskatnuss und Nelken. Und dann wäre da noch Zatar: Ein Kräuter-Gewürz-Mix mit Thymiannote, die man in allen Gassen von Damaskus, Beirut oder Jerusalem riecht.

Lammeintopf mit Safran-Couscous

4 Personen

Zutaten

Für den Lammeintopf
- 1,2 kg Fleisch aus der Lammschulter
- 2 Zwiebeln
- ½ Karotte
- 70 g Knollensellerie
- 2 TL Öl
- 1 EL Tomatenmark
- 600 ml Hühnerbrühe
- 1–2 TL Speisestärke
- 1 fein geriebene Knoblauchzehe
- ½ TL fein geriebener Ingwer
- 1 TL Ras el Hanout (marok. Gewürzmischung)
- mildes Chilisalz
- ½ Fenchelknolle | Salz
- 12 getr. Soft-Aprikosen
- einige Minzeblätter zum Garnieren

Für den Safran-Couscous
- 10 Safranfäden
- 120 g Instant-Couscous
- 1–2 TL mildes Olivenöl
- 150 ml Hühnerbrühe
- 1 EL Granatapfelkerne
- 1 EL Pistazienkerne
- 1 EL geröstete Mandelblättchen

Für den Joghurtdip
- 150 g griech. Joghurt (10 % Fett)
- 1 EL Minzeblätter (frisch geschnitten)
- 1 TL abgeriebene unbehandelte Orangenschale
- mildes Chilisalz
- Zucker
- frisch geriebene Muskatnuss

Zubereitung

1 Für den Eintopf das Fleisch etwa 3 cm groß würfeln. Zwiebeln, Karotte und Sellerie putzen, schälen und etwa 1 cm groß würfeln. Im Bräter in 1 TL Öl bei mittlerer Hitze einige Minuten andünsten. Tomatenmark unterrühren und kurz mitdünsten. Die Brühe dazugießen, das Fleisch dazugeben und mit geschlossenem Deckel knapp unter dem Siedepunkt etwa 2 Stunden weich schmoren.

2 Fleischstücke herausnehmen und beiseitestellen. Sauce durch ein Sieb gießen und in den Bräter zurückgeben, das Gemüse gut ausdrücken. Speisestärke mit wenig kaltem Wasser glatt rühren, in die Sauce geben und köcheln lassen, bis diese sämig bindet. Knoblauch und Ingwer dazugeben, mit Ras el Hanout und Chilisalz würzen. Das Fleisch wieder in die Sauce geben und darin erwärmen.

3 Zum Servieren Fenchel putzen, waschen und in schmale Spalten schneiden. Eine große Pfanne bei mittlerer Temperatur erhitzen, übriges Öl mit einem Pinsel darin verteilen und die Fenchelspalten auf beiden Seiten 5 bis 6 Minuten hell bräunen. Mit Salz würzen, die Aprikosen dazugeben. Das Gemüse vom Herd nehmen.

4 Für den Safran-Couscous währenddessen die Safranfäden in einer Tasse mit 2 EL heißem Wasser verrühren und etwa 10 Minuten ziehen lassen. Den Couscous in eine Schüssel geben und mit Olivenöl mischen. Die Brühe aufkochen und den eingeweichten Safran unterrühren, dann alles über den Couscous gießen. Den Couscous zugedeckt etwa 7 Minuten quellen lassen, anschließend mit einer Gabel etwas auflockern. Granatapfelkerne, Pistazien und Mandelblättchen unterrühren, Couscous im Backofen bei 80 °C warm halten. Für den Dip Joghurt, Minze und Orangenschale glatt rühren und mit Chilisalz, 1 Prise Zucker und Muskatnuss würzen.

5 Zum Servieren das Lammragout in einen vorgewärmten Tajine-Topf füllen. Den Couscous neben das Ragout in der Tajine setzen oder in einer Schüssel separat dazu reichen. Alles mit Fenchelspalten, Aprikosen und Minze garnieren. Den Dip darum herumträufeln oder in einer kleinen Schüssel separat dazu reichen.

Nizza-Salat mit Sesam-Thunfisch

4 Personen

Zutaten

Für den Nizza-Salat
- 300 g festkochende Mini-Kartoffeln | Salz
- 2 TL Öl
- Pfeffer aus der Mühle
- 150 g feine grüne Bohnen
- 3 Tomaten
- 80 g schwarze Kalamata-Oliven (in Öl; ohne Stein)
- 150 g eingelegte Artischockenherzen
- ½ rote Zwiebel
- 50 g Kapernäpfel
- 2–4 Mini-Romanasalatherzen

Für die pochierten Eier
- 6 EL Essig
- 4 Eier (möglichst frisch)

Für das Dressing
- 1 sehr (!) frisches Eigelb (Größe M)
- 1 TL Kapern
- 2 Sardellenfilets (in Öl)
- 1 TL Dijon-Senf
- 1 fein geriebene Knoblauchzehe
- ½ TL fein geriebener Ingwer
- 8 EL Öl | 4 EL mildes Olivenöl
- 5 EL Gemüsebrühe
- 1 Msp. abgeriebene unbehandelte Orangenschale
- Salz

Für den Thunfisch
- 300 g Thunfisch (Sushi-Qualität)
- je 1–2 EL helle und dunkle Sesamsamen
- 1 EL Öl zum Braten
- Salz | Pfeffer aus der Mühle
- einige Dillspitzen

Zubereitung

1 Für den Salat die Kartoffeln waschen und in Salzwasser weich garen. Abgießen, kurz ausdampfen und abkühlen lassen. Kartoffeln vierteln und in einer Pfanne in 1 TL Öl anbraten, salzen und pfeffern. Bohnen putzen, waschen und in etwa 3 cm lange Stücke schneiden. In kochendem Salzwasser bissfest garen. In ein Sieb abgießen, kalt abschrecken und gut abtropfen lassen. Die Tomaten waschen und in Spalten schneiden, Stielansätze entfernen. Oliven und Artischocken abtropfen lassen und kleiner schneiden. Zwiebel schälen und in Streifen schneiden. Kapern halbieren, dabei Stiele entfernen. Salat putzen, waschen und trocken schleudern, je nach Größe halbieren oder vierteln. Eine Pfanne bei mittlerer Temperatur erhitzen, das übrige Öl mit einem Pinsel darin verstreichen und die Salatherzen hell anbraten, herausnehmen und abkühlen lassen.

2 Für die pochierten Eier in einem großen Topf 1½ l Wasser aufkochen und 2 EL Essig dazugeben. In 4 kleine Tassen oder Schalen je 1 EL Essig geben und 1 Ei vorsichtig aufschlagen (Vorsicht, die Dotter nicht verletzen!). Das siedende Wasser (max. 85–95 °C) so lange in eine Richtung rühren, bis ein Wirbel entsteht. Die Eier nacheinander aus der Tasse ins Wasser gleiten lassen und je nach Temperatur jeweils 8 bis 10 Minuten pochieren. Dann mit einer Schaumkelle herausnehmen und abtropfen lassen.

3 Für das Dressing Eigelb in einem hohen Rührbecher mit Kapern, Sardellen, Senf, Knoblauch und Ingwer mit dem Stabmixer fein pürieren, nach und nach Öl und Olivenöl untermixen. Brühe unterrühren, mit Orangenschale und Salz würzen. Thunfisch waschen und trocken tupfen. Sesam in einem tiefen Teller mischen und den Thunfisch darin wenden. Das Öl in einer Pfanne bei mittlerer Temperatur etwas stärker erhitzen und den Fisch darin erst auf einer Seite etwa 2 Minuten hell bräunen, dann wenden und die andere Seite ebenfalls bräunen. Danach auch den Rand rundum braten.

4 Zum Servieren Kartoffeln, Bohnen, Tomaten, Oliven, Artischocken, Zwiebel und Kapern auf Teller verteilen und mit dem Dressing beträufeln. Den Thunfisch in 7 bis 8 mm dicke Scheiben schneiden, darauflegen und je 1 pochiertes Ei danebensetzen. Thunfisch und Ei salzen und pfeffern und mit Dillspitzen garnieren.

Orientalische Pflanzerl mit Minze-Joghurt-Dip

4 Personen

Zutaten

Für die Pflanzerl
- 1 weiße Zwiebel
- 2 große Knoblauchzehen
- 80 g Toastbrot
- 80 ml Milch
- 250 g Lammhackfleisch
- 250 g Rinderhackfleisch
- 2 Eier (Größe M)
- 3 EL Petersilienblätter (frisch geschnitten)
- mildes Chilisalz
- 2 TL Baharat (arab. Gewürzmischung)
- frisch geriebene Muskatnuss
- 80 g Weißbrotbrösel zum Wenden
- Öl zum Braten

Für den Minze-Joghurt-Dip
- 50 g Mango
- ¼ Avocado
- ½ rote Zwiebel
- 1 Tomate
- 150 g griech. Joghurt (10 % Fett)
- 1 EL Koriandergrünblätter (frisch geschnitten)
- mildes Chilisalz
- ½ TL abgeriebene unbehandelte Zitronenschale

Zubereitung

1 Für die Pflanzerl Zwiebel und Knoblauch schälen und separat in feine Würfel schneiden. Die Zwiebel in einer Pfanne mit 100 ml Wasser weich garen, bis die Flüssigkeit eingekocht ist. Dabei den Knoblauch ebenfalls kurz mitdünsten. Das Toastbrot klein würfeln und in einer kleinen Schüssel in der Milch einweichen.

2 Beide Hackfleischsorten mit Zwiebel-Knoblauch-Mix, eingeweichtem Brot, Eiern und Petersilie in eine große Schüssel geben. Alles mit Chilisalz, Baharat und etwas Muskatnuss würzen und zu einer gleichmäßigen Masse verarbeiten. Falls die Hackmasse zu weich ist, noch einige Weißbrotbrösel untermischen.

3 Von der Masse etwa 20 golfballgroße Stücke abnehmen und jedes Stück mit angefeuchteten Händen etwas oval formen. Die Pflanzerl in den Weißbrotbröseln wenden. In einer Pfanne bei mittlerer Temperatur bodenbedeckt Öl erhitzen und die Pflanzerl darin auf beiden Seiten goldbraun braten. Herausnehmen und auf Küchenpapier abtropfen lassen.

4 Für den Minze-Joghurt-Dip Mango und Avocado schälen und in ½ bis 1 cm große Würfel schneiden. Die Zwiebel schälen und in feine Würfel schneiden. Die Tomate waschen und in kleine Würfel schneiden, dabei Kerne und Stielansatz entfernen. Mango, Avocado, Zwiebel und Tomate mit Joghurt und Koriandergrün verrühren und den Dip mit Chilisalz und Zitronenschale würzen.

5 Zum Servieren die Pflanzerl auf vorgewärmte Teller setzen und den Minze-Joghurt-Dip daneben verteilen. Nach Belieben mit essbaren Blüten oder Koriander- und Minzeblättern garnieren. Dazu passt türkisches Fladenbrot.

Altrömische Kalbshaxe

4–6 Personen

Zutaten

Für die Haxe

- ¾ l Hühnerbrühe
- 1 hintere Kalbshaxe
- 2 Zwiebeln
- 1 Karotte
- 3 Stangen Staudensellerie
- 1 TL Puderzucker
- 1–2 EL Tomatenmark
- 2 Lorbeerblätter
- ½ TL schwarze Pfefferkörner
- ½ Splitter Zimtrinde
- 6 Wacholderbeeren (angedrückt)
- 10 grüne Kardamomkapseln (angedrückt)
- 1 Zweig Rosmarin
- ¼ l kräftiger Rotwein
- 1 EL Speisestärke
- mildes Chilisalz

Für das Gemüse

- 200 g römische (Mini-)Artischocken
- Saft von 1 Zitrone
- 300 ml Hühner- oder Gemüsebrühe
- 2 Knoblauchzehen (in Scheiben)
- 2 Scheiben Ingwer
- 1 unbehandelte Zitronenscheibe
- 200 g kleine feste Steinpilze (ersatzweise Zuchtpilze)
- 1 EL Butter
- 1 Zweig Rosmarin
- Salz | Pfeffer aus der Mühle
- 1 Bund grüner Spargel (ca. 500 g)
- ½ TL abgeriebene unbehandelte Zitronenschale

Zubereitung

1 Die Brühe mit der Haxe in einen ausreichend hohen Topf geben und mit geschlossenem Deckel bei schwacher Hitze etwa 2 Stunden köcheln lassen. Rechtzeitig den Backofen auf 160 °C vorheizen. Die Zwiebeln schälen, die Karotte putzen und schälen, den Sellerie putzen und waschen. Das Gemüse etwa 1½ cm groß schneiden und in einer großen tiefen Pfanne mit etwas Puderzucker andünsten. Das Tomatenmark unterrühren und kurz mitdünsten. Lorbeer, Pfeffer, Zimt, Wacholder, Kardamom und Rosmarin dazugeben. Das Gemüse in einen großen Bräter geben und mit der Hälfte der Kalbshaxenbrühe auffüllen. Die vorgegarte Kalbshaxe hineinsetzen und im Ofen auf der mittleren Schiene noch etwa 2½ Stunden weich garen, dabei ab und zu wenden und mit Bratensaft beträufeln. Bei Bedarf die restliche Brühe dazugießen.

2 Währenddessen Wein etwa auf ein Fünftel (50 ml) einkochen lassen. Haxe aus dem Ofen nehmen und warm stellen. Den Bratenfond durch ein Sieb in einen Topf geben und etwas einköcheln lassen. Die Speisestärke mit wenig kaltem Wasser glatt rühren, in die Sauce geben und köcheln lassen, bis diese sämig bindet. Die Sauce mit der Weinreduktion mischen und mit Chilisalz würzen.

3 Inzwischen für das Gemüse die Artischocken putzen (siehe Seite 44), bis zum Garen in Zitronenwasser legen, erst zum Garen halbieren oder vierteln. In einer tiefen Pfanne 150 ml Brühe mit Artischocken, 1 Knoblauchzehe, Ingwer und Zitronenscheibe mit einem Blatt Backpapier bedeckt knapp unter dem Siedepunkt 10 bis 12 Minuten gerade weich ziehen lassen. Dabei zwischen durch den Garpunkt prüfen und die Artischocken bei Bedarf früher herausnehmen. Währenddessen die Pilze putzen und trocken abreiben, kleine Exemplare vierteln, große in ½ bis 1 cm dicke Scheiben schneiden. Eine Pfanne bei mittlerer Temperatur erhitzen, die Butter darin zerlassen und die Pilze mit übrigem Knoblauch und Rosmarin wenige Minuten anbraten, mit Salz und Pfeffer würzen. Den Spargel waschen, im unteren Drittel schälen und die holzigen Enden entfernen. Die Stangen mit der restlichen Brühe in einer großen Pfanne ebenfalls mit einem Blatt Backpapier bedeckt etwa 8 Minuten leicht bissfest dünsten. Anschließend die Artischocken und die Zitronenschale untermischen.

4 Für die Gremolata Kräuter, Parmesan, Kapern, Sardellen, Zitrusschalen und Fleur de sel mischen. Zum Servieren die Kalbshaxe entlang des Knochens aufschneiden, salzen und pfeffern. Etwas Sauce auf vorgewärmte Teller träufeln, die Kalbshaxe darauflegen und mit Gremolata bestreuen. Gemüse und Pilze danebensetzen.

Schlemmen wie im alten Rom

Orgien, Gelage, Essen im Liegen. Die Vorstellung von der römischen Küche ist mit Dekadenz verbunden. Dabei waren die Kochkünste schon weit entwickelt, wie das wohl älteste erhaltene Kochbuch der Welt „De Re Coquiniaria" von Apicius (1. Jh. n. Chr.) beweist. Schuhbecks altrömische Kalbshaxe hätte da gut reingepasst.

Für die Kräuter-Gremolata

- 6 EL gemischte Kräuterblätter (z.B. Basilikum, Dill, Kerbel, Petersilie; frisch geschnitten)
- 2 EL Parmesanspäne
- 1–2 TL Kapern
- 3 gehackte Sardellenfilets (in Öl)
- abgeriebene Schale von je ½ unbehandelten Zitrone und Orange
- Fleur de sel

Wolfsbarsch in der Salzkruste mit wildem Brokkoli

4 Personen

Zutaten

Für den Wolfsbarsch

- 1 Wolfsbarsch (1–1,2 kg; küchenfertig)
- 1 halbierte unbehandelte Orangenscheibe
- 2 unbehandelte Limettenscheiben
- 2 Stiele Petersilie | 2 EL Öl
- je 1 EL schwarze Pfeffer- und Korianderkörner, Wacholderbeeren und Rosmarinnadeln
- 6 Eiweiß (Größe M)
- 2 kg grobes Meersalz
- 40 g Mehl | 40 g Speisestärke

Für das Limettenöl

- 5 EL mildes Olivenöl
- Schale von ½ unbehandelten Limette
- mildes Chilisalz

Für den Brokkoli

- 250 g Broccolini (Stängelbrokkoli)
- 120 g kleine Champignons (ersatzweise Egerlinge, Pfifferlinge, Steinpilze)
- 150 g Cocktailtomaten (mit Rispe)
- 80 ml Hühnerbrühe
- 1 EL Butter
- 1 Knoblauchzehe (in Scheiben)
- ½ TL abgeriebene unbehandelte Limettenschale
- mildes Chilisalz
- frisch geriebene Muskatnuss
- 1 EL mildes Olivenöl

Zubereitung

1 Für den Fisch den Backofen auf 200 °C vorheizen. Ein Backblech mit Backpapier belegen (dann lässt sich das Blech anschließend besser säubern). Den Wolfsbarsch innen und außen waschen und trocken tupfen, ggf. die Flossen noch abschneiden. In die Bauchhöhle Orangen- und Limettenscheiben und Petersilie legen und den Fisch außen mit Öl bestreichen.

2 Für die Salzkruste Pfeffer- und Korianderkörner, Wacholder und Rosmarin im Mörser grob zerstoßen. Die Eiweiße in einer Rührschüssel mit den Quirlen des Handrührgeräts schaumig anschlagen und mit grobem Meersalz, Mehl, Speisestärke sowie den gemörserten Gewürzen mischen.

3 Auf dem Backblech aus knapp der Hälfte der Salzmasse einen Sockel in Fischgröße formen, den Wolfsbarsch auf das Salzbett legen und mit der übrigen Salzmasse bedecken, dabei gut andrücken. Den Fisch im Ofen im unteren Drittel etwa 40 Minuten garen.

4 Inzwischen für das Limettenöl Olivenöl, Limettenschale und Chilisalz verrühren. Die Broccolini putzen und waschen. Die Pilze putzen und trocken abreiben. Die Tomaten waschen.

5 Die Broccolini mit der Brühe in einer Pfanne 3 bis 4 Minuten dünsten. Champignons und Tomaten an der Rispe dazugeben, die Butter und den Knoblauch hinzufügen und alles wenige Minuten dünsten. Mit Limettenschale, Chilisalz und etwas Muskatnuss würzen. Die Pfanne vom Herd nehmen und das Olivenöl unterrühren.

6 Zum Servieren den Fisch aus dem Ofen nehmen. Von der Salzkruste mit einem Brotschneidemesser einen Deckel abschneiden. Die Fischfilets herauslösen und auf vorgewärmte Teller setzen, mit dem Limettenöl beträufeln. Broccolini, Champignons und Tomaten daneben anrichten.

Lammrücken mit Harissa-Bulgur

4 Personen

Zutaten

Für den Harissa-Bulgur

- 1 kleine Zwiebel
- 1 TL Öl
- 1 fein geriebene Knoblauchzehe
- ¼ l Hühnerbrühe
- 250 g stückige Tomaten (aus der Dose)
- 100 g Instant-Bulgur
- 1–2 TL Harissa-Gewürzmischung (siehe Tipp)
- 1 Lorbeerblatt
- Salz

Für den Lammrücken

- 1–2 TL Öl
- 600 g Lammlachse (flache Stücke)
- 1 Splitter Zimtrinde
- 2 Knoblauchzehen (in Scheiben)
- 3 Scheiben Ingwer
- 2 kleine getr. rote Chilischoten
- 2 Zweige Rosmarin
- ½ TL Korianderkörner
- 5 Kardamomkapseln (angedrückt)

Für den Gurkenjoghurt

- ⅓ Salatgurke
- 150 g griech. Joghurt (10 % Fett)
- 1 fein geriebene Knoblauchzehe
- je 1 EL Minze- und Koriandergrünblätter (frisch geschnitten)
- mildes Chilisalz
- Zucker

Zubereitung

1 Für den Bulgur die Zwiebel schälen und in feine Würfel schneiden. Einen Topf bei milder Temperatur erhitzen, das Öl mit einem Pinsel darin verstreichen und die Zwiebelwürfel wenige Minuten leicht andünsten. Den Knoblauch unterrühren und alles mit Brühe und Tomatenstücken aufgießen. Den Bulgur mit dem Harissa unterrühren und das Lorbeerblatt dazugeben. Ein Blatt Backpapier darauflegen und den Bulgur knapp unter dem Siedepunkt 15 bis 20 Minuten weich garen. Mit Salz und Harissa abschmecken.

2 Für das Lamm eine Pfanne bei mittlerer Temperatur erhitzen und das Öl mit einem Pinsel darin verstreichen. Das Fleisch hineinlegen und Zimt, Knoblauch, Ingwer, Chili, Rosmarin, Koriander und Kardamom hinzufügen. Die Lammstücke rundum 6 bis 8 Minuten anbraten, die Pfanne vom Herd nehmen und das Lamm in der Nachhitze der Pfanne noch etwas saftig durchziehen lassen.

3 Für den Gurkenjoghurt die Gurke putzen, waschen und samt Schale in kleine Würfel schneiden. Den Joghurt mit dem Knoblauch glatt rühren und die Gurkenwürfel mit Minze und Koriander untermischen. Zuletzt den Gurkenjoghurt mit Chilisalz und 1 Prise Zucker abschmecken.

4 Zum Servieren den Bulgur mithilfe eines großen Anrichterings jeweils mittig auf vorgewärmte Teller setzen. Die Lammlachse mit Salz würzen, schräg in etwa 1½ cm breite Stücke schneiden und auf dem Bulgur anrichten. Den Gurkenjoghurt danebensetzen und alles nach Belieben mit Minze und Gurkenstücken garnieren.

Harissa – so scharf würzt Nordafrika

Ohne die Spanier gäbe es die berühmteste Sauce Nordafrikas nicht. Hauptbestandteil der Harissa ist nämlich Chili. Den brachten erst die spanischen Seefahrer aus Südamerika nach Europa. Und von da aus ins besetzte Tunesien, wo auch heute noch viel und vor allem scharfe Harissa-Sauce hergestellt wird.

Falafel mit Sesamjoghurt

4 Personen

Zutaten

Für die Falafel

- 200 g getr. Kichererbsen (400 g eingeweicht)
- ½ Zwiebel
- je 1 EL Petersilien- und Koriandergrünblätter (frisch geschnitten)
- 1 fein geriebene Knoblauchzehe
- ¼–½ TL Backpulver
- Salz
- 1 TL Ras el Hanout (marok. Gewürzmischung)
- je 1 EL helle und dunkle Sesamsamen
- Öl zum Frittieren

Für den Sesamjoghurt

- 200 g griech. Joghurt (10 % Fett)
- 1 EL helles Tahin (Sesampaste)
- je 2 TL geröstete helle und dunkle Sesamsamen
- ¼ TL abgeriebene unbehandelte Orangenschale
- 1 EL Orangensaft
- mildes Chilisalz
- Zucker

Außerdem

- abgeriebene unbehandelte Orangen- und Limettenschale zum Bestreuen
- Minze- und Koriandergrünblätter zum Garnieren

Zubereitung

1 Für die Falafel am Vortag die Kichererbsen mit 1 l Wasser in eine Schüssel geben und abgedeckt etwa 24 Stunden einweichen.

2 Am nächsten Tag die Kichererbsen in ein Sieb abgießen und abtropfen lassen. Die Zwiebel schälen und in feine Würfel schneiden. Kichererbsen, Zwiebel, Petersilie, Koriander und Knoblauch durch die feine Scheibe des Fleischwolfs drehen (alternativ im Blitzhacker zerkleinern). Das Backpulver sieben und gründlich unter die Kichererbsenmasse rühren, alles mit Salz und Ras el Hanout würzen. Je nach Konsistenz noch etwas Wasser hinzufügen. Die Masse im Kühlschrank mit Frischhaltefolie abgedeckt etwa 1 Stunde ziehen lassen. Inzwischen beide Sesamsorten in eine kleine Schüssel oder einen tiefen Teller geben und mischen.

3 Reichlich Öl in einem Topf oder einer Fritteuse auf 160 bis 170 °C erhitzen. Einen Falafel-Maker anspannen, großzügig mit Kichererbsenmasse füllen und diese mit einem Messer in Form streichen. (Dabei die Masse nicht gerade streichen, sondern einen kleinen Hügel formen.) Jeden Falafel kurz in die Sesammischung tauchen, dann in das heiße Fett geben, indem man den Spanner des Falafel-Makers loslässt. Die Falafel wenige Minuten goldbraun backen, mit einer Fritteusenkelle herausheben und auf Küchenpapier abtropfen lassen. Die übrige Masse und den Sesam auf dieselbe Weise verarbeiten.

4 Den Joghurt mit Tahin, je 1½ TL hellen und dunklen Sesamsamen, Orangenschale und -saft glatt rühren. Mit Chilisalz und 1 Prise Zucker würzen.

5 Zum Servieren die Falafel auf Teller verteilen und den Sesamjoghurt darum herumträufeln oder in einer kleinen Schüssel separat dazu reichen. Den Sesamjoghurt mit übrigem Sesam bestreuen und nach Belieben noch etwas Orangen- und Limettenschale darüberreiben. Zuletzt alles mit Minze und Koriandergrün garnieren.

Kalbsragout mit syrischen Spinatknödeln

4 Personen

Zutaten

Für das Kalbsragout

- 2 Zwiebeln
- 1 Lorbeerblatt
- 1 Gewürznelke
- 2½–3 l Hühnerbrühe
- 1 flache Kalbsschulter (ca. 800 g)
- ½ TL schwarze Pfefferkörner
- 3 Wacholderbeeren (angedrückt)
- ¼ TL Korianderkörner
- 100 g Knollensellerie (in kleinen Würfeln)
- 1 Karotte (in kleinen Würfeln)
- 100 g Lauch (nur das Weiße)
- 1 TL Öl
- 80 ml Weißwein
- 1 Knoblauchzehe (in Scheiben)
- 2 Scheiben Ingwer
- 150 g Sahne
- 1 schwach geh. EL Speisestärke
- 1 Streifen unbehandelte Zitronenschale
- 1 Spritzer Zitronensaft
- Salz
- 1–2 TL Ras el Hanout (marok. Gewürzmischung)
- mildes Chilipulver

Zubereitung

1 Für das Ragout 1 Zwiebel schälen und das Lorbeerblatt mit der Nelke darauf feststecken. Die Brühe in einem Topf erhitzen, Fleisch mit gespickter Zwiebel dazugeben und knapp unter dem Siedepunkt etwa 2 Stunden köcheln lassen. Inzwischen Pfeffer, Wacholder und Koriander in ein Gewürzsäckchen oder einen Einwegteebeutel füllen und verschließen. Etwa 20 Minuten vor Ende der Garzeit Gewürzsäckchen, Sellerie und Karotte zum Fleisch geben.

2 Das Fleisch aus der Brühe nehmen und etwas abkühlen lassen. Die Brühe durch ein Sieb gießen und beiseitestellen. Gewürzsäckchen und gespickte Zwiebel entfernen, das Gemüse beiseitestellen. Das Fleisch 1½ bis 2 cm groß würfeln und mit dem Gemüse mischen. Übrige Zwiebel schälen und fein würfeln. Lauch putzen, waschen und in dünne Ringe schneiden. In einem Topf Zwiebel und Lauch im Öl bei milder Hitze 5 bis 10 Minuten farblos andünsten. Den Wein dazugießen und fast vollständig einköcheln lassen. 800 ml Kalbsbrühe, Knoblauch und Ingwer dazugeben und alles knapp unter dem Siedepunkt noch etwa 20 Minuten dünsten. Die Sahne hinzufügen, alles im Topf mit dem Stabmixer fein pürieren und die Sauce durch ein Sieb streichen. Die Speisestärke mit wenig kaltem Wasser glatt rühren, in die Sauce geben und köcheln lassen, bis diese sämig bindet. Die Zitronenschale darin wenige Minuten ziehen lassen und wieder entfernen. Zum Servieren Fleisch und Gemüse in der Sauce erwärmen und alles mit Zitronensaft, Salz, Ras el Hanout und 1 Prise Chilipulver abschmecken.

3 Für die Knödel inzwischen den Spinat verlesen, waschen und in kochendem Salzwasser etwa 2 Minuten blanchieren. In ein Sieb abgießen, kalt abschrecken und die Blätter gut ausdrücken, Spinat klein hacken. Den Quark in einem Küchentuch ausdrücken, sodass etwa 160 g Quark übrig bleiben. Das Toastbrot im Blitzhacker zu Bröseln mahlen. Butter mit Salz, Zitronenschale und Gewürzen in eine Schüssel geben. Knoblauch schälen und dazupressen, alles mit den Quirlen des Handrührgeräts aufschlagen. Erst das Eigelb, dann das Ei unterrühren. Spinat, Quark und Brotbrösel dazugeben, alles gleichmäßig verarbeiten und 20 bis 30 Minuten ruhen lassen.

4 Anschließend aus der Masse mit angefeuchteten Händen etwa 16 kleine Knödel formen und in siedendem Salzwasser 10 bis 15 Minuten gar ziehen lassen. Zum Servieren das Ragout auf vorgewärmte Teller verteilen und die Knödel danebensetzen.

Hier geht der Geschmack auf

Dieses Rezept kommt von der Levante – einem Landstrich, der in Ägypten beginnt und sich über Syrien, den Libanon und Israel hinzieht. Levante kommt aus dem Französischen „soleil levant", aufgehende Sonne. Ein Klassiker aus dem Morgenland ist das Kalbsragout, traditionell mit Spinat, bei Schuhbeck mit Spinatknödel. Ein Gericht aus 1001 (Gewürz-)Nacht.

Für die Spinatknödel

- 450 g junger Spinat
- Salz
- 300 g Magerquark
- 150 g Toastbrot
- 50 g weiche Butter
- 1 TL abgeriebene unbehandelte Zitronenschale
- je 1 Prise gem. Korianderkörner, Kreuzkümmel, Knoblauch, Ingwer und mildes Chilisalz
- 1 kleine Knoblauchzehe
- 1 Eigelb und 1 Ei (jeweils Größe M)

Linguine mit Bottarga

4 Personen

Zutaten

- 500 g Linguine (oder andere Bandnudeln)
- Salz
- 1 Lorbeerblatt
- 3 Scheiben Ingwer
- 1 kleine getr. rote Chilischote
- 200 ml Hühner- oder Gemüsebrühe
- 2 EL Butter
- 2 fein geriebene Knoblauchzehen
- je 1 EL Dillspitzen, Basilikum- und Petersilienblätter (frisch geschnitten)
- 2 EL mildes Olivenöl
- 50 g Bottarga (getr. Fischrogen; ggf. tiefgekühlt; aus dem Online-Feinkosthandel; siehe Tipp)

Zubereitung

1 Die Nudeln in reichlich siedendem Salzwasser mit Lorbeerblatt, Ingwer und Chilischote etwa 1 Minute kürzer als auf der Packung angegeben bissfest garen, dabei ab und zu umrühren. In ein Sieb abgießen und abtropfen lassen, die Gewürze wieder entfernen.

2 Die Brühe in einer großen tiefen Pfanne mit Butter und Knoblauch erhitzen. Die Nudeln dazugeben und 1 bis 2 Minuten garen, bis sie fast die gesamte Flüssigkeit aufgenommen haben. Die Pfanne vom Herd nehmen und Kräuter und Olivenöl unterziehen.

3 Zum Servieren die Nudeln auf vorgewärmte Pastateller verteilen und die Bottarga mit einer Zestenreibe fein darüberreiben. Nach Belieben mit einigen Spitzen Mini-Basilikum garnieren.

Tipp

Für den getrockneten Fischrogen wird in Italien und Griechenland der Laich von bestimmten Fischen verwendet. Auf Sardinien bevorzugt man als würziges Nudeltopping den Fischrogen der Meeräsche, bottarga di muggine, woanders auch den des Thunfischs, bottarga di tonno. Dazu wird der frische Laich samt Dottersack erst gepresst und gesalzen und anschließend in der Sonne getrocknet. Wichtig: Vor der Verwendung die feine Haut der Bottarga wie eine Art Wurstpelle entfernen.

STAUB
STAUB

Desserts

Erdbeersorbet mit Kardamom

8 Personen

Zutaten

- 500 g Erdbeeren
- 1½ EL Zitronensaft
- 125 g Zucker
- 2 EL Orangenlikör (z.B. Grand Marnier)
- ½–1 TL Kardamomsamen

Zubereitung

1 Die Erdbeeren putzen, waschen und grob in Stücke schneiden. Dann in einen hohen Rührbecher geben. Zitronensaft, Zucker, Orangenlikör und 100 ml Wasser hinzufügen und alles mit dem Stabmixer fein pürieren. Anschließend den Kardamom in eine Gewürzmühle füllen und grob darübermahlen.

2 Das Erdbeerpüree in der Eismaschine nach Bedienungsanleitung gefrieren lassen und sofort servieren. Dazu auf Dessertgläser verteilen und nach Belieben mit Waffeln garnieren.

3 Alternativ das Erdbeerpüree in einen gefrierfesten, eisgekühlten Behälter füllen, mit Backpapier bedecken und bis zum Servieren ins Tiefkühlfach stellen. Sollte das Eis sehr hart gefroren sein, etwa 30 Minuten vor dem Servieren in den Kühlschrank stellen und leicht antauen lassen.

Variante

Für ein Himbeersorbet mit Ingwer-Orangen-Aroma können Sie 500 g Himbeeren (frisch oder tiefgekühlt und aufgetaut) mit 1 EL Zitronensaft, 100 g Zucker und 2 EL Himbeergeist wie beschrieben zu einem Püree mixen und in der Eismaschine zubereiten. Wer will, gibt als orientalische Note noch jeweils 1 Msp. geriebenen Ingwer und abgeriebene unbehandelte Orangenschale dazu.

Crème brûlée mit Lavendel

4 Personen

Zutaten

- ¼ Vanilleschote
- ¼ TL Fenchelsamen
- 1 TL Puderzucker
- 180 ml Milch
- 180 g Sahne
- 1½–2 TL getr. Lavendelblüten
- je ½ Streifen unbehandelte Orangen- und Zitronenschale (3 cm)
- 40 g Zucker
- 4 Eigelb (Größe M)
- 2 EL brauner Zucker

Zubereitung

1 Den Backofen auf 150 °C vorheizen. Ein tiefes Backblech mit Küchenpapier auslegen. 4 flache Portionsförmchen (à ca. 120 ml Inhalt; am besten aus Keramik) bereitstellen. Die Vanilleschote längs aufschneiden und das Mark herauskratzen. Die Fenchelsamen in einem Topf bei milder Temperatur erhitzen. Mit Puderzucker bestäuben und hell karamellisieren. Sofort Milch und Sahne dazugießen, Vanilleschote und -mark, Lavendelblüten, Zitrusschalen sowie 20 g Zucker hinzufügen. Alles einmal aufkochen, dann vom Herd nehmen und zugedeckt etwa 10 Minuten ziehen lassen, die ganzen Gewürze wieder entfernen.

2 Inzwischen die Eigelbe mit dem restlichen (20 g) Zucker in einer Rührschüssel mit einem Schneebesen zügig verrühren, aber nicht schaumig schlagen. Die heiße Mischung langsam unter die Eigelbmasse rühren, alles durch ein feines Sieb gießen und auf die Förmchen verteilen. Die Förmchen auf das Blech stellen, dieses in den Ofen schieben. Dann so viel heißes Wasser in das Blech gießen, dass die Förmchen etwa zu einem Drittel im Wasser stehen.

3 Die Crèmes im Ofen auf der mittleren Schiene etwa 20 Minuten stocken lassen. Dabei nach etwa 15 Minuten die Konsistenz der Crème prüfen. Falls sie bereits gestockt ist, aus dem Ofen nehmen (siehe Tipp). Die Förmchen aus dem Wasserbad nehmen und die Crème abkühlen lassen. Zum Karamellisieren die Oberfläche der Crème mit braunem Zucker bestreuen und mit dem Flambiergerät bernsteinfarben karamellisieren. Nach Belieben mit Johannis-, Him- und Heidelbeeren sowie Minzeblättchen garnieren.

Tipp

Achten Sie darauf, dass beim Einfüllen der Eigelbmilch in die Förmchen keine Luftblasen entstehen, nur dann hat die Crème später eine glatte Oberfläche. Wenn Sie höhere Förmchen verwenden, benötigt die Crème zum Stocken ggf. länger. Die Konsistenz prüfen und die Crème noch ein paar Minuten länger im Ofen lassen.

STAUB
STAUB
STAUB

Süße Vogelnester mit Orangen-Anis-Creme

Ca. 50 Stück

Zutaten

Für die Vogelnester

- 170 g Kataifi-Teig (Engelshaar, aus dem griech. oder türk. Feinkostladen)
- 200 g zerlassene hellbraune Butter (siehe Tipp)
- 50 g Zucker
- 1 EL Zitronensaft
- je 1 TL gebrochene Zimtsplitter, Kardamom- und Fenchelsamen für die Gewürzmühle

Für die Orangen-Anis-Creme

- ¼ l Milch
- 20 g Speisestärke
- 20 g Zucker
- Salz
- gemahlene Kurkuma
- abgeriebene Schale von ½ unbehandelten Orange
- 1 EL Anislikör (z. B. Ouzo)

Außerdem

- 2 EL Granatapfelkerne
- 2 EL Pistazienkerne
- 1 EL geröstete Mandelblättchen

Zubereitung

1 Für die Vogelnester den Backofen auf 180 °C vorheizen. Vom Kataifi-Teig nacheinander etwa 50 Fadenbündel (je 4–5 mm dick, 12–15 cm lang) abnehmen, jedes Bündel etwas in sich verdrehen und wulstig um den Zeigefinger zu einem Nest wickeln. Das Teignest vorsichtig abziehen und in eine große oder zwei kleine Auflaufformen setzen. Den übrigen Teig auf die gleiche Weise verarbeiten und die Teignester dicht nebeneinander in die Form setzen, sodass sie sich gegenseitig stützen. Die Oberfläche der Nester vorsichtig andrücken, es sollen keine Teigspitzen herausstehen (sie würden im Ofen zu stark bräunen). Die Teignester mit der zerlassenen Butter gleichmäßig beträufeln und im Ofen auf der mittleren Schiene 25 bis 30 Minuten goldbraun backen.

2 Inzwischen für den Sirup in einem Topf den Zucker mit 2½ EL Wasser und Zitronensaft unter Rühren langsam aufkochen, sodass er sich vollständig auflöst. Den Sirup vom Herd nehmen und etwas abkühlen lassen. Zimt, Kardamom und Fenchel in eine Gewürzmühle füllen. Die Vogelnester aus dem Ofen nehmen und die flüssige Butter vorsichtig abgießen (nach Belieben nochmals verwenden), dabei das Gebäck mit einer breiten Palette festhalten. Die Vogelnester mit der Mischung aus der Gewürzmühle würzen und den Zuckersirup gleichmäßig darüberträufeln. Abkühlen lassen.

3 Für die Creme die Milch, Speisestärke, Zucker sowie je 1 Prise Salz und Kurkuma in einem Topf unter Rühren langsam aufkochen. In eine Schüssel füllen, mit Frischhaltefolie abdecken und abkühlen lassen. Zum Servieren die Creme mit Orangenschale und Anislikör glatt rühren, in einen Spritzbeutel mit kleiner Lochtülle geben und die Nester damit füllen. Mit Granatapfelkernen, Pistazien und Mandelblättchen bestreuen.

Tipp

Für hellbraune Butter 250 g Butter bei milder Hitze zerlassen und hell bräunen. Durch ein mit Küchenpapier ausgelegtes Sieb gießen.

Israelischer Käsekuchen mit Beeren

1 Springform (26 cm Durchmesser)

Zutaten

Für den Kuchen

- 200 g Butterkekse
- 180 g Zucker
- 200 g zerlassene Butter
- 300 g Frischkäse (Doppelrahmstufe)
- 250 g Magerquark
- 150 g Sahne
- 2 Eier (Größe M)
- 1 Päck. Vanillepuddingpulver
- abgeriebene Schale von je ½ unbehandelten Zitrone und Orange
- Salz

Außerdem

- 100 g gemischte Beeren (z. B. Heidel-, Him- und Johannisbeeren)
- 2 Feigen
- Puderzucker zum Bestäuben

Zubereitung

1 Den Backofen auf 175 °C vorheizen. Für den Boden die Butterkekse in einem Gefrierbeutel mit dem Nudelholz zu Bröseln zerkleinern. Die Brösel in einer Schüssel mit 30 g Zucker und der zerlassenen Butter mischen. Die Bröselmasse gleichmäßig auf dem Boden der Springform verteilen und fest andrücken, kühl stellen.

2 Für die Füllung den Frischkäse mit Quark, Sahne, Eiern und Vanillepuddingpulver in einer Rührschüssel mit den Quirlen des Handrührgeräts glatt verrühren. Die Masse mit Zitronen- und Orangenschale, restlichem (150 g) Zucker und 1 Prise Salz mischen.

3 Die Füllung auf dem Keksboden in der Springform verteilen und gleichmäßig glatt streichen. Den Kuchen im Ofen im unteren Drittel etwa 50 Minuten backen. Falls er zu stark bräunt, zwischendurch mit Alufolie abdecken. Den Kuchen aus dem Ofen nehmen und auf einem Kuchengitter lauwarm abkühlen lassen.

4 Zum Servieren die Beeren verlesen, waschen und trocken tupfen, die Johannisbeeren von den Rispen zupfen. Die Feigen putzen, waschen und in Spalten schneiden. Den Kuchen auf eine Platte setzen, mit den Früchten garnieren und mit Puderzucker bestäuben. In Stücke schneiden und auf Kuchentellern anrichten.

Tipp

Nach Belieben können Sie noch einige Physalis (Kapstachelbeeren) putzen und öffnen, dann ebenfalls auf den Käsekuchen setzen.

Baba alla napoletana mit Gewürzsirup

6 Personen

Zutaten

Für die Tränke

- 100 g Zucker
- 1 Zimtstange
- 5 Kardamomkapseln (angedrückt)
- ½ ausgekratzte Vanilleschote (siehe Baba)
- 1 Msp. abgeriebene unbehandelte Orangenschale
- 100 ml Weißwein
- 200 ml Orangensaft
- 40 ml Rum

Für die Baba

- 15 g frische Hefe
- 50 ml lauwarme Milch
- 175 g Mehl
- 2 Eier (Größe L)
- 10 g Zucker
- ausgekratztes Mark von ½ Vanilleschote (siehe Tränke)
- abgeriebene Schale von ½ unbehandelten Zitrone
- 70 g weiche Butter
- weiche Butter und Mehl für die Förmchen

Zubereitung

1 Für die Tränke den Zucker mit Zimtstange, Kardamom, ausgekratzter Vanilleschote und Orangenschale in einen Topf geben. Den Wein und den Orangensaft hinzufügen und alles einmal aufkochen. Danach die Tränke durch ein Sieb gießen und den Rum hinzufügen. Warm halten oder später zum Tränken nochmals erwärmen.

2 Für die Baba die Hefe in der lauwarmen Milch auflösen und mit 50 g Mehl zu einem zähen Teig verrühren. Zugedeckt an einem warmen Ort etwa 15 Minuten auf das doppelte Volumen gehen lassen. Inzwischen die Eier in einer Rührschüssel mit Zucker, Vanillemark und Zitronenschale schaumig schlagen.

3 Vorteig und übriges Mehl zu den Eiern geben und alles mit den Knethaken der Küchenmaschine oder des Handrührgeräts verkneten. Nach und nach die weiche Butter dazugeben. Alles etwa 5 Minuten zu einem glatten Teig kneten, zugedeckt bei Zimmertemperatur etwa 30 Minuten auf das doppelte Volumen gehen lassen.

4 Inzwischen 6 Dariol- oder Auflaufförmchen (à 80–100 ml Inhalt; ersatzweise Mulden einer Muffinform) mit Butter einfetten und mit Mehl ausstäuben. Den Teig nochmals kurz durchschlagen und jeweils drei Viertel hoch in die Formen verteilen. Zugedeckt an einem warmen Ort etwa 15 Minuten bis zum Rand gehen lassen. Den Backofen auf 190 °C vorheizen.

5 Die Baba im Ofen auf der mittleren Schiene 20 bis 25 Minuten backen. Herausnehmen und auf einem Kuchengitter wenige Minuten abkühlen lassen. Dann aus den Förmchen lösen, in eine tiefe Pfanne oder Auflaufform setzen und mit der warmen Rumtränke beträufeln – sie sollen vollkommen durchtränkt sein. Die Baba vollständig abkühlen lassen und zugedeckt im Kühlschrank mindestens 2 Stunden ziehen lassen.

6 Zum Servieren die Baba nochmals mit etwas Tränke beträufeln und auf Dessertteller setzen. Nach Belieben jeweils mit einem Tuff geschlagener Sahne garnieren.

Griechischer Joghurt mit Nüssen und Honig

4 Personen

Zutaten

Für die Nüsse

- 1 Zacken Sternanis, je 1 TL Fenchelsamen und Zimtsplitter, je ½ TL Anis- und Kardamomsamen für die Gewürzmühle
- 120 g gemischte Nusskerne (z. B. Paranuss-, Walnuss-, Pekannuss-, Haselnuss-, Pistazienkerne oder Mandeln)
- 1 EL Puderzucker

Für den Joghurt

- 600 g griech. Joghurt (10 % Fett)
- 2 EL flüssiger Honig
- 1 TL Rosmarinnadeln (frisch geschnitten)
- 1 Msp. gemahlene Vanille
- 1 Msp. abgeriebene unbehandelte Orangenschale
- 1 Msp. fein geriebener Ingwer

Außerdem

- 1 Feige
- 1 Orange
- 1 Handvoll gemischte Beeren (z. B. Brom-, Erd- und Himbeeren)
- einige Minzeblätter

Zubereitung

1 Für die Nüsse alle ganzen Gewürze in eine Gewürzmühle füllen. Die Nüsse in einer Pfanne ohne Fett erhitzen, den Puderzucker darüberstäuben und mit der Mischung aus der Gewürzmühle würzen. Den Puderzucker schmelzen lassen, dabei ständig rühren. Die karamellisierten Gewürznüsse aus der Pfanne nehmen und abkühlen lassen. Nach Belieben grob hacken.

2 Den Joghurt in einer Schüssel mit Honig, Rosmarin, Vanille, Orangenschale und Ingwer glatt rühren. Die Feige putzen, waschen und in Spalten schneiden. Die Orange so großzügig schälen, dass auch die weiße Haut mit entfernt wird. Die Filets zwischen den einzelnen Trennhäuten herausschneiden. Die gemischten Beeren verlesen, waschen und trocken tupfen, dabei größere Erdbeeren halbieren oder vierteln.

3 Zum Servieren die Hälfte der Nüsse auf Dessertgläser verteilen und die Hälfte des Joghurts daraufgeben. Die übrigen Nüsse und den restlichen Joghurt darüberschichten. Jedes Glas mit Feige, Orangenfilets, Beeren und Minzeblättchen garnieren. Nach Belieben mit etwas Puderzucker bestäuben.

Tipp

Nach Lust und Laune können Sie Joghurt und Nüsse auch mit anderen Früchten wie beispielsweise Würfeln einer Honigmelone belegen. Oder auch 1 Handvoll gemischte Trauben waschen, ggf. halbieren und daraufsetzen.

Orientalische Milchcreme

4 Personen

Zutaten

Für die Milchcreme
- 5 Blatt Gelatine
- ½ l Milch
- 50 g Zucker
- 1 EL getr. Rosenblüten
- 1 EL Rosenwasser
- ausgekratztes Mark von ½ Vanilleschote (mit Schote)
- 1 Scheibe Ingwer
- 2–3 Kardamomkapseln (angedrückt)
- je 1 Streifen unbehandelte Zitronen- und Orangenschale
- 100 g Sahne

Außerdem
- 1 EL getr. Berberitzen (siehe Tipp)
- ½ Tasse warmer Früchtetee (ersatzweise warmer roter Johannisbeersaft; ca. 75 ml)
- 2–3 Orangen
- 1 EL Haselnusskerne
- einige Minzeblätter

Zubereitung

1 Für die Milchcreme die Gelatine in kaltem Wasser einweichen. In einem Topf die Hälfte der Milch (¼ l) mit Zucker, Rosenblüten, Rosenwasser, Vanilleschote und -mark, Ingwer, Kardamom, Zitronen- und Orangenschale langsam unter Rühren aufkochen. Vom Herd nehmen und wenige Minuten ziehen lassen.

2 Die Gewürzmilch durch ein Sieb in eine Schüssel gießen, die ganzen Gewürze entfernen. Die eingeweichte Gelatine ausdrücken und unter Rühren in der Gewürzmilch auflösen. Anschließend die restliche Milch dazugeben. Die Gewürzmilch auf Eiswasser so lange kalt rühren, bis sie zu gelieren beginnt.

3 Inzwischen die Sahne cremig aufschlagen. Erst 3 EL Schlagsahne mit einem Schneebesen unter die Gelatinemischung rühren, dann die übrige Sahne mit einem Teigschaber unterheben. Die Masse auf Dessertgläser verteilen und zugedeckt im Kühlschrank 1 bis 2 Stunden fest werden lassen.

4 Währenddessen die Berberitzen im warmen Früchtetee einweichen und etwa 1 Stunde ziehen lassen. Danach in ein Sieb abgießen und abtropfen lassen. Die Orangen so großzügig schälen, dass auch die weiße Haut mit entfernt wird. Die Filets zwischen den einzelnen Trennhäuten herausschneiden. Die Nüsse grob hacken.

5 Zum Servieren die Orangenfilets und Berberitzen auf der Milchcreme verteilen. Die Gläser mit den gehackten Haselnüssen bestreuen und mit Minzeblättern garnieren.

Tipp

Die kleinen roten Berberitzen wachsen an dornigen Hecken in Parks und an Waldrändern. In den östlichen Mittelmeerländern und dem nahen Osten zählt die aufgrund ihres sauren Aromas auch Sauerdorn genannte Beere traditionell zur Alltagsküche. Ob im Morgen- oder Abendland – getrocknete Berberitzen passen nicht nur zu Süßspeisen, sondern genauso zu Reisgerichten und Lamm und machen sich sehr gut im Müsli und als Tee.

Profiteroles mit Pistaziencreme und Schokoladenguss

Ca. 25 Stück

Zutaten

Für den Brandteig

- weiche Butter für das Blech
- 50 ml Milch
- 25 g Butter
- Salz
- 70 g Mehl
- 2 Eier (Größe M)

Für die Pistaziencreme

- ¼ l Milch
- 20 g Speisestärke
- 20 g Zucker
- Salz
- gemahlene Kurkuma
- 1 EL gehackte Pistazienkerne
- 1 EL Pistazienmus (aus dem Onlinehandel)
- ¼ TL abgeriebene unbehandelte Orangenschale
- 1 EL Orangenlikör (z. B. Grand Marnier)

Für den Schokoladenguss

- 150 g Zartbitterkuvertüre
- 80 g Sahne
- Salz
- 1 EL flüssiger Honig

Zubereitung

1 Für den Brandteig den Backofen auf 200 °C vorheizen. Ein Backblech mit Butter einfetten. Die Milch mit 50 ml Wasser, Butter und 1 Prise Salz in einem Topf aufkochen. Das Mehl in einem Schwung dazugeben und mit einem Holzlöffel so lange unterrühren, bis der Teig kompakt ist und sich am Topfboden ein weißer Film gebildet hat. Den Teig in eine Rührschüssel setzen, die Eier einzeln dazugeben und mit den Quirlen des Handrührgeräts untermischen. Nach jedem Ei sollte der Teig wieder glatt sein.

2 Den Teig in einen Spritzbeutel mit mittelgroßer Sterntülle oder Lochtülle geben und damit auf dem Backblech nebeneinander 25 etwa 2 cm große Tupfen aufspritzen. Die Windbeutel im Ofen auf der mittleren Schiene etwa 15 Minuten goldbraun backen, sie sollen nicht zu hell gebacken werden. Dabei zwischendurch die Tür nicht öffnen, da das Gebäck sonst zusammenfällt. Die Windbeutel herausnehmen und auf einem Kuchengitter abkühlen lassen.

3 Für die Pistaziencreme Milch, Speisestärke, Zucker sowie je 1 Prise Salz und Kurkuma in einem Topf verrühren und unter Rühren langsam aufkochen. In eine Schüssel füllen, mit Frischhaltefolie bedecken und abkühlen lassen. Zum Füllen die Creme mit Pistazien, Pistazienmus, Orangenschale und Orangenlikör glatt rühren.

4 Für den Schokoladenguss die Kuvertüre fein hacken. Die Sahne mit 1 Prise Salz und dem Honig in einem Topf einmal aufkochen, vom Herd nehmen und die gehackte Kuvertüre dazugeben. Alles kurz stehen lassen, dann mit einem Schneebesen zu einer dicken Schokoladensauce rühren.

5 Zum Servieren die Pistaziencreme mit einem Spritzbeutel mit kleiner Lochtülle seitlich in die Profiteroles spritzen und den Schokoladenguss locker darüberziehen. Kurz fest werden lassen, dann sofort servieren. Die Profiteroles lassen sich im Kühlschrank abgedeckt noch gut einen Tag aufbewahren.

Zucker – der süße Weg zum feinen Dessert

Essen ohne Süßigkeiten – vor allem am Mittelmeer ist das kaum vorstellbar. Ein Sorbetto als Zwischengang, eine Kugel Eis als Dessert. Und dann noch die vielen kleinen Backwaren, um körperliche Schwächephasen tagsüber zu beseitigen. Was wäre die Welt des Genusses ohne süße Sünden? Ähnlich wie Gewürze war Zucker im Mittelalter so teuer, dass ihn sich nur die Reichen leisten konnten. Er wurde buchstäblich mit Gold und Silber aufgewogen. Bei den venezianischen Kaufleuten war Zucker Kult. Sie ließen ganze Kunstwerke aus Zucker herstellen: Päpste, Könige, Götter und Tiere in Lebensgröße bevölkerten die Palazzi.

An den Höfen Europas wurde noch bis zum 17. Jahrhundert gezuckert, was die Dosen hergaben. Da war der Koch gleichzeitig immer auch der Zuckerbäcker. Gesüßt wurde so gut wie alles: von den Austern bis hin zu Fisch, Fleisch und Geflügel. Erst in Frankreich setzten sich die Feinschmecker durch – Salziges wurde von Süßem getrennt. Die Mahlzeit, die bis dato eher einer Schlacht am Büfett glich, ging in ordentliche Bahnen über. Schon bald war es schick, wenn das Essen kultiviert und in einzelnen Gängen daherkam. Am Schluss dann das Dessert als süßer Höhepunkt.

Aber wer brachte den Zucker nach Europa? Auch hier spielte das Mittelmeer eine zentrale Rolle. Zum einen wurde der fertige Zucker von venezianischen Kaufleuten aus Persien importiert. Denn dort konnte man schon seit dem 6. Jahrhundert n. Chr. Zucker herstellen. Heißer Zuckerrohrsaft wurde dabei in ein umgedrehtes, kegelförmiges Gefäß gefüllt. In der Spitze war ein Loch, sodass der Sirup abfließen konnte. Im Kegel kristallisierte der Zucker, übrig blieb ein süßer Zuckerhut.

Die Araber transportierten ebenfalls mit Schiffen ihre Zuckerrohrpflanzen, um sie in Spanien, Sizilien und Malta anzubauen. Und noch etwas brachten die Eroberer mit – den Vorläufer des Eises: Sorbet, Halbgefrorenes. Vermutlich stammt die Kunst, Schnee mit Sirup und Früchten zu mischen, aus China. Verfeinert wurde sie viel später von den italienischen Eismachern.

Aber erst mit der Entdeckung der neuen Welt kam das Dessert so richtig in Schwung. Zunächst einmal konnte dort Zuckerrohr in großem Stil angebaut werden, zum anderen kamen ganz neue Geschmäcker nach Europa. Die vielleicht wichtigste Entdeckung war die Kakaobohne im Amazonas – da schlug die Stunde der Schokolade.

Pasticceria
Gelati

Getränke

Kir Royal

1 Person

Zutaten

- 1 EL Likör aus Schwarzen Johannisbeeren (z. B. Crème de Cassis)
- ca. 100 ml Champagner (für einen einfachen „Kir“ stattdessen Weißwein)

Zubereitung

Den Johannisbeerlikör in ein Champagnerglas gießen. Dann langsam mit Champagner auffüllen und einmal vorsichtig umrühren. Sofort servieren und genießen.

Die Wahrheit über Kir Royal

Münchner Schicki-Micki-Getränk, Titel der gleichnamigen TV-Serie: Der Kir Royal ist in Wirklichkeit ein königliches Getränk. Im Gegensatz zu vielen anderen Cocktails hat er eine klare Entstehungsgeschichte. Namensgeber war ein gewisser Felix Kir, ehemaliger Bürgermeister der Stadt Dijon. Seinen Senf zur Weltgeschichte hat er in zweierlei Hinsicht dazugegeben. Erstens machte er den bei den Weinbauern um Dijon beliebten Blanc-Cassis, also Weißwein mit Johannisbeersirup, zum offiziellen Willkommensgetränk der Stadt. Und zum zweiten gilt er als einer der Mitbegründer der deutsch-französischen Freundschaft. Vielleicht haben Adenauer und Kir sie mit einem Royal begossen. Schampus statt Weißwein – dem Anlass entsprechend.

Sprizz

1 Person

Zutaten

- 4 cl Bitterlikör (z.B. Aperol)
- 40 ml Mineralwasser (mit Kohlensäure)
- ½ Scheibe unbehandelte Orange
- 6–7 Eiswürfel
- 80 ml gekühlter Prosecco

Zubereitung

1 Den Aperol und das Mineralwasser in ein Cocktailglas oder Weinglas geben. Die Orangenscheibe nach Belieben nochmals halbieren und mit den Eiswürfel hinzufügen.

2 Die Mischung langsam mit dem gekühlten Prosecco aufgießen. Sofort servieren und genießen.

Tipp

Ein Cocktail zum Variieren: Klassisch erhält der Sprizz in Norditalien seine Grundlage mit einem Weißwein statt mit Prosecco. Anstelle von Aperol bieten sich auch andere intensiv rot-orangefarbene Bitterliköre an wie beispielsweise Campari oder Cynar. Beim klassischen Aperitiv darf Fingerfood an der Seite eines Sprizz natürlich nicht fehlen – und seien es einfach nur Oliven und selbst gebackene Grissini (siehe Seite 16) oder typische italienische Crostini: geröstete Brotscheiben mit feiner Salami, Parmaschinken oder Geflügelleberpastete.

Sangria mit Rotwein und Früchten der Saison

4 Personen

Zutaten

- ¾ l leichter Rotwein (1 Flasche)
- ¼ l Zitronenlimonade
- 2 cl Orangenlikör (z.B. Grand Marnier)
- 30 g Zucker
- 1 Zimtstange
- ½ unbehandelte Orange
- ½ Apfel
- ½ Birne
- ½ Pfirsich (in der Saison)
- 1 Handvoll Kirschen (in der Saison)

Zubereitung

1 Den Rotwein und die Zitronenlimonade in eine ausreichend große Glaskanne füllen. Den Orangenlikör dazugießen, den Zucker untermischen und die Zimtstange dazugeben.

2 Die Orange heiß waschen, abtrocknen, halbieren und quer in Scheiben schneiden. Apfel- und Birnenhälfte waschen, halbieren und entkernen, die Viertel jeweils quer in Scheiben schneiden. Den Pfirsich waschen und den Kern entfernen, die Hälfte in etwa 1 cm große Stücke schneiden. Die Kirschen waschen, halbieren und entsteinen.

3 Alle Früchte zur Rotwein-Limonaden-Mischung geben und die Sangria im Kühlschrank mehrere Stunden durchziehen lassen. Zum Servieren die Sangria samt Früchten auf Gläser verteilen.

Tipp

Idealerweise sollte man eine Sangria richtig kalt, aber ohne Eiswürfel servieren, damit sie nicht verwässert. Falls sie noch nicht ganz durchgekühlt ist, können Eiswürfel hinzugefügt werden. Wenn gerade keine Saison für Pfirsiche und Kirschen ist, können Sie genauso Melone, Mango oder gemischte Beeren verwenden – oder auch das entsprechende tiefgekühlte oder eingekochte Obst.

Geschichte des Weins: Rauschmittel, Medizin und Totengabe

„Wer nicht liebt Wein, Weib und Gesang, der bleibt ein Narr sein Leben lang." Ob es nun der große Reformator Martin Luther war, der diesen Spruch getan hat, das ist historisch umstritten. Zuhause ist er jedenfalls überall rund um das Mittelmeer. In Spanien lautet er „vino, mujeres y canciónes", die Franzosen sagen: „aimer, boire et chanter" – und die alten Lateiner „venus, vina, musica". Vermutlich aber ist dieses Credo, das einer gesellschaftspolitischen Korrektheitsprüfung heutzutage kaum mehr standhalten dürfte, so alt wie der Wein selbst.

Wer die Wurzeln der Rebe sucht, landet schnell im alten Ägypten. Schon 3000 v. Chr. kannte man den vergorenen Traubensaft. Ein Getränk für die Oberschicht, Belohnung für Soldaten, Prämie für besonders gute Arbeiter. Der Wein war Rauschmittel, Medizin und Wegzehrung für die Toten. Einfach ein göttliches Getränk. Kein Wunder, dass im griechischen Olymp mit Dionysios sogar eine Gottheit über den Rebensaft wachte – als Bacchus im alten Rom bekannt.

Von Ägypten schwappte der Wein übers Mittelmeer bald auch an die römischen Gestade. Im Vino wurde dort – stante pede – sofort die Veritas entdeckt. Ob man die Wahrheit bei den ausgiebigen Weinsymposien oder den bacchantischen Orgien tatsächlich gefunden hat? Zumindest predigten die Römer nicht nur Wasser und tranken dabei Wein – nein, sie demokratisierten den Genuss des Rebensaftes. Auch Sklaven durften ihn trinken, meistens wurde er aus religiösen Gründen sogar kostenlos ausgeschenkt. Geschmacklich hatte dieser Wein mit den heutigen Produkten nur wenig gemein. Oft erinnerte er mehr an sauren Essig, weil das mit der Gärungsunterbrechung von der Kühlung her noch schwierig war. Deshalb experimentierten die Römer mit Gewürzen. Der Lebemann Apicius zeichnete im wohl ältesten Kochbuch der Welt, „De Re Coquinaria", dazu ein Rezept auf: Honig, Pfeffer, Pistazienharz, Lavendel und Safran. Das war dann mehr ein Glühwein.

Geschmack hin, Geschmack her – fröhlich gezecht wurde trotzdem. Denn die Römer kannten schon Bars. Erst jüngst hat man im antiken Pompeji einen komplett erhaltenen Tresen ausgegraben. Trinkgefäße, Kochtöpfe, Weinflaschen – und sogar eine antike Wandschmiererei kamen dort zum Vorschein. Beschimpft wurde ein gewisser Nicias, offenbar der Barbesitzer. Ob er einfach zu teuer war oder der Wein gepanscht – wir werden es nie erfahren. Leider.

Limonana (Limonade mit Nana-Minze)

4 Personen

Zutaten

- 100 g Zucker
- 2 Zitronen
- 1 Limette
- 25 Minzeblätter (am besten Nana-Minze)
- 10 Eiswürfel

Zubereitung

1 Den Zucker mit 1 l kaltem Wasser in eine Karaffe oder ein hohes Gefäß geben und alles so lange gründlich verrühren, bis sich der Zucker vollständig aufgelöst hat.

2 Die Zitronen und die Limette halbieren, auspressen und den Zitrussaft in den Standmixer füllen. Die Minzeblätter waschen, trocken tupfen und mit den Eiswürfeln ebenfalls in den Mixer geben. Alles fein pürieren, anschließend das Zuckerwasser hinzufügen und die Mischung nochmals kräftig mixen. Die Minzeblätter sollen vollständig püriert sein.

3 Zum Servieren die Limonana auf Gläser verteilen und jedes Glas nach Belieben mit je 1 unbehandelten Zitronenscheibe und 1 Minzespitze garnieren.

Variante:

Nach dem Prinzip der Limonana können Sie auch andere Kräuter mit Zitrone, Limette und Zuckerwasser mixen: Gut schmeckt beispielsweise die Kombination von Dillspitzen, Koriandergrün- und Minzeblättern oder ein Duo aus Melisse und Zitronenverbene.

Orientalischer Hibiscus-Eistee

6 Personen

Zutaten

Für den Eistee
- 20 g brauner Zucker
- 1 EL flüssiger Honig (20 g)
- 1 Splitter Zimtrinde
- 2 Gewürznelken
- 1 TL Kardamomkapseln (angedrückt; 2 g)
- 6 Scheiben Ingwer
- ½ aufgeschlitzte Vanilleschote
- 2 EL getr. Hibiscusblüten oder Hibiscustee (ca. 10 g; siehe Tipp)
- je 1 Streifen unbehandelte Zitronen- und Orangenschale
- Saft von 1 Orange
- Saft von ½ Zitrone

Außerdem
- einige Eiswürfel
- einige Streifen unbehandelte Orangen- und Zitronenschale
- einige Blätter Zitronenmelisse oder Minze

Zubereitung

1 Für den Eistee in einem Topf 1½ l Wasser mit dem Zucker verrühren. Alles einmal aufkochen und vom Herd nehmen. Honig, Zimt, Nelken, Kardamom, Ingwer, Vanilleschote, Hibiscus, Zitronen- und Orangenschale hinzufügen und vollständig abkühlen lassen.

2 Anschließend den Orangen- und Zitronensaft unter den abgekühlten Ansatz rühren. Den Eistee durch ein Sieb gießen und kühl stellen, dabei die ganzen Gewürze wieder entfernen.

3 Zum Servieren den gekühlten Eistee jeweils mit einigen Eiswürfeln auf Gläser verteilen und mit Orangen- und Zitronenschale sowie Zitronenmelisse oder Minze garnieren.

Tipp

Vor allem in der Türkei, aber auch in den Teehäusern Nordafrikas ist ein Aufguss aus den getrockneten Hibiscusblüten sehr beliebt. Der intensiv rote Tee heißt auf arabisch Karkadeh, hierzulande spricht man umgangssprachlich meist von Malventee. Hibiscustee schmeckt leicht säuerlich und soll unsere Gesundheit und unser Immunsystem stärken.

Ayran (Kühler Joghurtdrink)

4 Personen

Zutaten

- 400 g gekühlter Naturjoghurt (3,5 % Fett)
- 600 ml kaltes Wasser
- ca. ½ TL Salz
- einige Eiswürfel

Zubereitung

1 Den gut gekühlten Joghurt und das kalte Wasser in einen hohen Rührbecher geben. Beides mit einem Schneebesen von Hand oder mit dem Stabmixer gleichmäßig verrühren. Den Ayran mit Salz abschmecken.

2 Die Eiswürfel auf Gläser verteilen und jeweils mit dem Ayran auffüllen. Sofort genießen oder bis zum Servieren kühl stellen. Wer will, kann noch fein gehackte Dillspitzen, Minze- oder Basilikumblätter unter den Ayran mischen – so lässt sich das kühlende Getränk immer wieder neu aromatisieren.

Zu scharf gegessen? Ayran hilft

Ayran – klingt geheimnisvoll, ist aber nichts anderes als ein Milchgetränk. 2 Teile Joghurt mit 3 Teilen Wasser schaumig aufschlagen, salzen, fertig ist das leicht säuerliche türkische Nationalgetränk. Besonders beliebt ist es im Sommer, weil es für Abkühlung sorgt. Wer gerne feurig isst, liebt Ayran. Denn Fett bindet Schärfe.

Goldene Milch (Kurkuma Latte)

1 Person

Zutaten

- ¼ l Milch (ersatzweise Sojadrink oder eine andere pflanzliche Milchalternative)
- 1 schwach gehäufter TL Kurkuma-Latte-Gewürzmischung (siehe Tipp)

Zubereitung

1 Die Milch in einen kleinen Topf gießen und das Kurkuma-Latte-Gewürz hinzufügen. Alles bei mittlerer Hitze unter Rühren langsam erwärmen und nach Belieben mit dem Stabmixer aufschäumen.

2 Die Goldene Milch in ein hitzebeständiges Glas füllen und nach Belieben mit etwas flüssigem Honig süßen. Sofort servieren.

Tipp

Sie können die Kurkuma Latte auch vegan anbieten. Dafür statt der Kuhmilch eine pflanzliche Alternative verwenden und anstelle von Honig mit Ahornsirup oder Agavendicksaft süßen. Statt der fertigen Kurkuma-Latte-Gewürzemischung lässt sich die Milch auch mit einer selbst gemachten Gewürzmischung aromatisieren: Dafür je 1 Prise gemahlene Kurkuma, gemahlene Vanille und gemahlenen Kardamom, frisch geriebenen Ingwer, Zimtpulver und schwarzer Pfeffer aus der Mühle mischen und wie beschrieben mit der Milch erhitzen.

Getränke

Im ZS Verlag sind von Alfons Schuhbeck unter anderem folgende Bücher erschienen:

Hausgemacht & Eingekocht
ISBN 978-3-96584-024-9

Schuhbecks Feinschmeckerei
ISBN 978-3-89883-972-3

Klein, aber fein
ISBN 978-3-89883-872-6

Kulinarische Geschichten
ISBN 978-3-89883-816-0

Meine schnellen Rezepte
ISBN 978-3-89883-761-3

Bayern – Das Kochbuch
ISBN 978-3-89883-973-0

Wegweiser zur Sendung

ZUM AUTOR

Alfons Schuhbeck ist ein wahres Multitalent: er ist Meisterkoch, Autor und Unternehmer. In seinen Lehr- und Wanderjahren hat er seinen Horizont in Genf erweitert, in den Schmelztiegel Paris hineingeschnuppert und das Asien-geprägte London erkundet. Und von dort ein großes Wissen über Aromen und Gewürze mitgebracht, die seiner bayerischen Küche etwas Besonderes geben.

Willkommen bei Alfons Schuhbeck!
Seine Restaurants „Südtiroler Stuben" sowie das „Orlando" liegen am historischen Platzl, im Herzen von München. Hier finden Sie auch seine Kochschule, seinen Eissalon, seinen Gewürz- und Teeladen. Die Produkte von Alfons Schuhbeck können Sie bequem im Onlineshop bestellen. Weitere Informationen erhalten Sie im Internet, telefonisch oder persönlich am Platzl.

Schuhbecks | in den Platzlgassen,
Hausnummer „Pfisterstraße 6"
80331 München
Tel.: 089 21 66 90 - 0
www.schuhbeck.de
www.schuhbeck-gewuerze.de

IMPRESSUM

Hinter jedem tollen Buch steckt ein starkes Team

Projektleitung: *Isabella Thiel, Stella Paschen, Kathrin Gritschneder*
Rezeptküche: *Monika Reiter*
Lektorat: *Kathrin Gritschneder*
Korrektorat: *Julia Voigtländer*
Vorwort und Texte: *Rudolf Bögel*
Coverentwurf: *Melville Brand Design (Florian Brugger)*
Grafisches Konzept: *Melville Brand Design (Florian Brugger), Catharina Burmester*
Grafische Gestaltung & Satz: *Catharina Burmester*
Peoplefotografie & Stills: *Benedikt Roth*
Foodfotografie: *Mathias Neubauer*
Foodstyling: *Andreas Neubauer*
Herstellung: *Frank Jansen*
Producing: *Jan Russok*
Druck und Bindung: *optimal media GmbH, Röbel*

1. Auflage 2021

Kaiserstraße 14 b
D-80801 München
ISBN 978-3-96584-171-0

BILDNACHWEIS

Cover oben (Porträtfoto): Benedikt Roth
Cover links unten, rechts oben & Buchrückseite: Mathias Neubauer, **Cover rechts unten**: Shutterstock: Darios
Inhalt: Benedikt Roth: S. 4, 33; Shutterstock: cktravels.com: S. 68; Gallimaufry: S. 109; Yulia Gust: S. 35; Alberto Loyo: S. 2 rechts oben, 119; Martin Krzyzak: S. 23; Davide Marconcini: S. 2 links unten; Marco Ossino: S. 69; Susan Schmitz: S. 2 Mitte links, 70; Julia Sudnitskaya: S. 34

LIEBE LESER*INNEN

wie schön, dass Sie ein Buch von ZS in den Händen halten. „jetzt leben!“ ist das Motto unseres Verlages. Es steht für Genuss und Inspiration, Unterstützung und Motivation. Ob Kulinarik oder Fitness, Gesundheit oder Lebenshilfe – seit über 30 Jahren bieten wir kompetente Ratgeber für (fast) alle Lebenslagen. Wir lieben Tradition genauso wie Innovation – sie treiben uns an. Unsere Autor*innen sind Menschen, die zu ihrem Thema wirklich etwas zu sagen und zu schreiben haben. Unsere Produkte sind erzählerisch, appetitmachend und als gedruckte Bücher haptisch echte Erlebnisse. Für Sie mit ganz viel Liebe gemacht! Entdecken Sie mehr aus unserer wunderbaren Welt!

UNSER VERLAGSHAUS

Mit Standorten in München, Hamburg und Berlin zählt die Edel Verlagsgruppe zu den größten unabhängigen Buchanbietern Deutschlands. Zur Edel Verlagsgruppe gehört unter anderem ZS mit seinen Lizenzmarken Dr. Oetker Verlag, Kochen & Genießen und Phaidon by ZS.

ZS – Ein Verlag der Edel Verlagsgruppe
www.zsverlag.de
www.facebook.com/zsverlag
www.instagram.com/zsverlag

FÜR DIE UMWELT

ZS unterstützt bei der Produktion dieses Buches das Projekt „Junge Riesen für die nächsten 100 Jahre“ im Naturpark Nossentiner/Schwinzer Heide. Damit wird ein Anteil der unvermeidbaren CO_2-Emissionen im direkten Umfeld des Produktionsstandortes kompensiert.

PARTNER Naturpark Nossentiner/Schwinzer Heide
www.optimal-media.com/naturschutzprojekt-001

NEWSLETTER

Ab sofort keine kulinarischen Trends mehr verpassen und gleichzeitig einen Kochkurs mit einem Spitzenkoch von ZS gewinnen?

Melden Sie sich jetzt beim ZS Newsletter an und bleiben über neue Bücher, Themenschwerpunkte und News immer informiert.

ANMELDEN!

Jetzt anmelden unter:
www.zsverlag.de/newsletter

GEWINNEN

Unter allen Neuabonnierenden verlosen wir jeden Monat *10 neue Bücher* und jährlich einen *Kochkurs* mit einem Spitzenkoch von ZS.